勝つための実践的スポーツ心理学

試合で力を発揮する練習と心のもち方

江川玟成 著

金子書房

はじめに

年間を通じて、絶えずどこかでスポーツの大会やイベントが催され、一年がスポーツで明け暮れる時代となって久しい。今日、スポーツを抜きにして現代社会を語ることはできないほどである。まさに、現代社会はスポーツ社会でもある。

このような、スポーツの一大普及は、もちろん喜ばしいことである。筆者自身、小学生のときからスポーツをこよなく愛好してきた一人として、スポーツの隆盛をとてもうれしく思っている。

とくにここ四半世紀の間、多くの種目においてフォームの改善や技術の向上がはかられ、その成果として記録の更新が見られるようになった。わが国のスポーツ界は確実によい方向に向かってきている。そうしたよい流れがさらに加速的に続いていくことが大切である。

本書は、このような状況の下、「スポーツ関係者の必読の書」を意図して企画したものである。「もっと強くなりたい」「さらに上達したい」「ぜひとも試合に勝ちたい」「念願の優勝を果たしたい」など、広くスポーツ関係者の希望や念願に応えようという思いでまとめた。だが、当然のことではあるが、本書は、単なる勝利至上主義ではなく、スポーツ活動の人間形成の意義を大前提としている。つまり、合理性と人間性の二つを基本理念としている。むろん、それはスポーツ界に見られる体罰や罵声、理にかなわない技術指導などの改善を願ってのことである。

本書の構成と内容には、私自身のこれまでの執筆をとおして得られた知見を活かすとともに、長年の研究とスポーツ指導の経験から得られた成果も盛り込んでいる。私自身、学生時代から今日まで武道の稽古と指導・助言にかかわってきて半世紀以上が経つが、その間、一貫して「スポーツは科学である」ということを信条にして取り組んできた。この考えは今も変わらず、強まりはしても、弱まることはない。こうして、本書は、著者自身の体験をベースにして、専門である心理学、それに力学の知識を背景にしてまとめたものであり、いわば、「実践的スポーツ心理学」の書である。本書で取り上げたテーマ、章や節、見出しはいずれも、「実践に必要であり、かつ有用である」という観点から設定した。また、研究を意図した専門書とは一線を画して、できるだけわかりやすい文章を心がけ、実践に役立つようにした。具体的には、中学生以上の学生に十分に理解できるように留意した。

本書がスポーツ関係者のためのいわば「常備薬」として広く活用していただけたら、うれしいかぎりである。もう一つ、二つ上のランクをねらう監督、コーチや一流選手、トップアスリートをはじめ、本格的な運動選手をめざす中学校、高等学校の運動部員、さらに大学の運動部員のみなさんに活用していただくことを願っている。また、今後、スポーツの指導者をめざす人々、それにスポーツ愛好家や、スポーツ少年・少女をもつ保護者の方々にも読んでいただけたら、望外の喜びである。

著　者

目　次＊勝つための実践的スポーツ心理学——試合で力を発揮する練習と心のもち方

第五章　勝利のための五大要素　125

装幀・イラスト 岡田真理子

第一章
スポーツにおける技術向上の条件

第一節　スポーツにまつわる誤解と迷信

本章では、スポーツにおける技術向上の条件について確認する。それにはまず、スポーツにまつわる誤解や迷信について考えてみることにしよう。

科学が発達した今日もなお、誤った考え、迷信、俗信などが少なからず残っている。誤った考えや信念は、進歩と向上を妨げ、ときに有害な結果や致命的な結果を招きかねない。日々の真剣な練習をむだにしないためにも、これまでの練習のあり方を振り返り、再検討してほしい。

1．精神主義―やる気と根性だけではかぎりがある

やる気と根性は大切であり、スポーツでは重視されてきた。だが、やる気と根性を過信するあまり、科学的知識を活用する合理的な態度を欠いては、よろしくない。これでは、やる気と根性が空回

りしてしまい、「労多くして功少なし」に終わる。そればかりか、悪いクセが身につきやすく、それに気づくのが遅れるとクセを直すのに労力と多大な時間を要してしまう。スポーツの科学化が進んだ現在、精神主義や根性論に依存しすぎてはならない。

2．合理主義―やる気も大切

過去三十年、日本のスポーツ界には、科学ブームといえるほど、科学的知識を取り入れようとする気運が年々高まった。その背景には、スポーツ科学の進歩とスポーツ関連書の普及がある。筋力トレーニング、バイオメカニクス、イメージトレーニングの導入をはじめ、スポーツ生理学やスポーツ栄養学の知見が活用されている。

その結果、多くの種目でその効果が認められている。スポーツにおける科学主義・合理主義は基本的には正しいが、科学性や合理性を重視するあまり、日々のつらい練習をいやがったり、忍耐力、やる気、根性を軽視したりしては、また問題である。スポーツの科学化のブームの中で、やる気や根性を軽視しては、せっかくの科学的配慮やその効果に水を差す。

そのようなことでは、ここ一番の大事な場面で、ふんばりがきかなくなり、みすみす勝利を逃してしまう。本来、必要な事柄を軽視したり、欠落があったりしては、合理的態度とはいえない。

3．練習依存主義―ただ練習だけでは問題

日々の練習は大切である。古くから毎日欠かさず、真面目に練習にはげんでいる運動部員やアス

リートはじつに多い。しかし、その割にはさほど上達しない、大会に出てもいま一つ成果が得られない選手やチームも少なくない。そのような結果に終わった場合、決まって、「練習が足りなかった。これから、もっと練習しなくては……」などと、悲壮とも取れる反省の弁が聞かれる。

上達し、大会で好成績を出すには、むろん練習量が不可欠の条件となる。一日の練習量はともかく、毎日欠かさず練習したほうがよいに決まっている。体力、素質、練習歴などが同じならば、練習日数・練習量の多いほうが上達するはずであり、大会でも好成績を上げられるであろう。

しかし、ただ一生懸命に真面目に練習すればよいのではない。練習の内容が大切である。伸び悩みの原因、試合での敗因をきちんと分析し、それを練習につなげていくことだ。反省と改善プランのないまま練習にはげんでも多くは望めず、再び同じような結果になりかねない。そのような態度は、練習依存主義というものである。確かな反省に基づいた改善計画があってこその練習である。

練習依存主義は殊勝な心がけではあるが、科学的態度でなく、つまり賢明さを欠き、やはり問題である。スポーツは、そんなに非科学的なものではないのだ。

4．基礎練習の偏重―トップ水準に達することは無理

何事においても基礎と基本は大切である。ものごとに本格的に専門的に取り組もうとすれば、なおさらである。まずは、筋力やスタミナなどの基礎体力や、柔軟性が不可欠である。それが不足したのでは上達には限界があり、また多少の無理や弾みで負傷しかねない。

また、どの種目にもその種目に特有の基本動作や基本的な技があるが、その習得が不十分であった

のではその先の高度な技の習得は難しく、ハイレベルに達することは容易ではない。

しかし、基礎を重視するあまり、試合に必要な高度な技術の習得が不足したら、どうであろう。好成績を収めるのは無理であろう。どの種目においても、試合や大会ではそれ相当の高度な技、複雑な連続動作、技のコンビネーション、連携プレー、巧みな作戦、駆け引き、ヨミなどが要求される。これらは一朝一夕に成るものではなく、日々の反復練習が欠かせない。

即戦力につながる実践練習が不十分な基礎偏重の練習メニューでは、トップに立つことはおろか、上位にくい込むこともできない。基礎偏重主義は今どきそう多くはなくとも、皆無ではなかろう。

5．技術先行主義—最後のがんばりがきかない

基礎練習の偏重とは対極に、技術先行主義ともいえる練習スタイルがある。筋力づくりや持久力（スタミナ）の養成、基礎練習などを十分に積むことなく、試合や競技会での即戦力をめざした練習方略に偏った練習である。対外試合や大会の回数が増えてきたことが、その背景にある。

確かに、中学高校時代から実践的な練習に時間をかけるならば、それ相当の成果が出せるようになる。また、大学に進学して比較的早い時期から頭角を現すことも可能であろう。いわゆるスポーツエリートである。しかし、そのような練習スタイルにも、やはり限界がつきまとう。

その限界とは何か。それは、ここ一番という大事な場面で、スタミナが不足し、動作や技のしかけに精彩を欠いてしまうことである。具体的には、トーナメント戦で勝ち進み、準決勝、決勝戦まできてスタミナが切れ、本来の実力が発揮できなくなってしまう状態である。あるいは数日間に及ぶ試合

日程の中で疲労が蓄積したりする。このようでは、長い目で見るといずれ技術面で伸び悩み、頭打ちになってしまう。また、予期せぬけがをしてしまうことも考えられる。

いまの十代の選手たちの親や祖父母の世代には、日本代表レベルの選手でも、そのような基礎練習に欠ける者が見られたという。現在でもこのような選手はまったく見られないとはいえず、今後も見られなくなるとは断言できない。技術先行主義は、古くて新しい問題なのである。

6. 素質主義―指導法や練習法も大切

何事においても素質は大事である。「あの人は運動神経がある」とか、それに対して「私は、あまり運動神経がない」などということをしばしば耳にする。そうした発言の背景には、「技術向上の程度や度合は生まれつきの能力や素質による」という考え方や思い込みがある。「運動神経」という言葉には、そのような意味が、付着している。

確かに、人一倍上手な人もいるし、そうでない人もいる。それが即、生来の素質の相違によると断言できるであろうか。私たち個々人の能力や素質は、はじめから簡単には判明しない。大相撲の名横綱には、入門時から素質があるといわれた者ばかりでなく、大器晩成の力士も少なからずいる。

上達の具合は、本人の努力や実際の練習の仕方、指導の仕方などによって、かなり左右される。どのような指導を受けてきたか、指導者は誰かなどの環境的な要因をはじめ、どのくらい練習してきたか、本人の取り組む姿勢や心がまえはどうであったかなどの個人内にある要因が、上達に大きくかかわる。練習環境に恵まれないならば、持って生まれた素質が十分に開花しないこともあろう。

上達のほどを素質のせいにしたり、伸び悩みの原因を素質不足に求めたりするのは、「素質主義」や「素質信仰」と称し、けっして科学的で前向きな考えであるとはいえない。むしろ、それは事実に基づかない非科学的な宿命論につながりかねない。また、伸び悩みや大会での成績不振の原因をよく検討することなく、安易に素質のせいにするのは、努力・研鑽の放棄につながる。

7．他者依存主義―自主トレーニングも大切

何事においてもよい指導者に恵まれたほうが有利である。しかも初心者の段階はもとより、一流選手にいたると、とりわけそういえる。しかし、一流選手や中堅選手のレベルに達したら、部活動レベルでの練習だけでは不十分である。また、単に指導者にべったりと頼り、言われるがままに練習にはげむだけの練習態度から脱皮する必要もある。

まずは、みなと一緒の練習以外にも個人練習を行うようにする。また、仲間に先んじ、そしてライバルに後れを取らないためには、自主練習も必要である。

以上、従来、わが国のスポーツ界に広く見られる〈誤った考え方・練習スタイル〉を指摘した。こうした誤解や思い込みは古くからあり、誰が教え伝えたともなく、スポーツ界全体に浸透して、ひとつの常識にもなってきた。そう簡単に変わらないかもしれないが、選手・指導者ともども、真に技術向上をめざし、世界の桧舞台で輝かしい成果をわが手中に収めるためには、これまでの練習のあり方を定期的に点検して、問題点を徹底的に洗い出してみる必要がある。伝統を重んじつつも、改めるべ

きは改めてこそ、真の進歩や向上が可能となる。それこそが確実な「進化」の始まりであり、第一歩だ。これまで、とくに反省や振り返りを本格的に行っていなかった場合、初心に立ち返り、謙虚な気持ちで総点検してみよう。「奢れるもの久からず」とならないためにも、ぜひとも反省は欠かせない。

技術向上・進歩のための振り返りと計画改善こそが、人に先んずる手堅い方略となるはずである。

第二節　技術向上の基本

1．正しい動作を反復練習によって身につける

初心者の段階から悪いクセがついてしまうと、それを直すのは容易ではない。そのことが障碍となって、その先の高度な技の習得も思うようにいかなくなる。練習している割にはさほど上達せず、仲間にも後れを取り、次第にやる気も失速しかねないという心あたりはないだろうか。

そうならないためには、どうしたらよいのだろうか。それは、反復練習を通じて、正しい動作をきちんと身につけることだ。つまりは、〈正しい動作の反復練習〉である。

どの種目においても、特有の構え・フォーム・基本動作をはじめ、種目に特有の目的動作つまり技（たとえば、投げる・受ける・打つ・突く・蹴る・ジャンプする・締める・かわす、など）がある。初心者の段階から、それらをきちんと習得すべく正確に反復練習していくことが大切だ。初心者（ビギナーズ）にとっては、これは基本的な心得である。習うからには、指導者からいわれたことをしっかりと頭に入れ、反復練習していく。そのためにも、指導者は正しい動作をきちんと指導しなければ

ならない。

(1) 経験に基づく「正しい動作」は必ずしも正しくはない

では、正しい動作とは、一体、いかなるものであろうか。多くの種目において、その答えは一つに納まるものではない。実際に、監督やコーチによって見解が必ずしも同じではないからだ。時代によっては、指導者間でばらつきがあった。指導者がそれぞれに、現役時代からの長年の経験を通じて、「正しい動作とは、……である」と個別に信じているからである。

現役時代に優秀な選手であったとしても、その信念は正しいとはかぎらない。それはスポーツにかぎったことではなく、私たち人間の営みには何であれ、個人的な経験に基づいた見解・結論（経験則という）には、偏りや不完全さがついて回る。また、組織・集団内で共有されている考えや社会的通念に関しても、まったく同様である。さらには、医療の世界においてすら、医療過誤（誤診と処置のミス）があることを思えば、よくわかるであろう。セカンドオピニオンを求める慎重さと賢さが求められる所以である。場合によってはサードオピニオンも必要である。

スポーツにおいて、そのような現状にいち早く気がついた者のみが、人に先んじて「確かな勝利のパスポート」を手にすることができるのである。

(2) あらゆる物体・生物体の運動は力学に支配される

物理学の一領域である力学によれば、存在物の運動は、それが地球上の物体・物質の運動であれ、天体の運動であれ、また私たち人間や動物など生活体の運動であれ、基本的にはすべて等しく「力学の法則」に支配される。スポーツ選手の動作も、打ち放たれたボールの運動（進行方向、飛距離、速さ、衝撃力など）も、等しく力学の法則によって制御され、また同時に予測ができる。

非生命体である物体では、外力が加わることにより運動が生じたり、運動に変化が生じたり、あるいは静止状態になったりする。その点は、身体も基本的には同様である。車内にいて急ブレーキがかかった際に前のめりになったり、歩いていて強風に吹き飛ばされそうになったりする。しかし、人間は、自分の欲求や意志・意図によって行動を開始させ制御（操作）することができる。しかも、強風や急停車など環境側の力（外力）の成せるままになってはいない。わが身を守るべく外力に抵抗しようとしたり、身をかわしたりする。つまり、反射的あるいは意図的に体を動かすことができる。

以上述べたように、外力によって引き起こされる運動はもちろん、自ら行う運動・動作・行動も力学の法則の影響を受ける。そして、実際の運動・動作の結果（たとえば、打ったボールがヒットになるか、空振りになるか、ホームランになるか、あるいはジャンプが成功するかどうかなど）も、等しく力学の法則に支配される。

(3)　バイオメカニクス

人間の身体運動について力学の観点から研究する研究領域として「バイオメカニクス」(biomechanics)がある。これは「身体運動学」「スポーツ力学」とも呼ばれ、体育の科学の一分野である(『ブリタニカ国際大百科事典　小項目事典』〈文献⒂。以下文献については巻末の文献番号を示す〉)。なお、古くは、「キネシオロジー」や「生体力学」の用語が用いられていた。バイオメカニクスの大元は、先に述べた「力学」である。たとえば、「どのくらいの強さの力を用いるのが適切か」「どのタイミングで力を入れるか」「どの方向に力を加えるか」「どんな速さで力を込めるか」などと考え、プレーする。また、バイオメカニクスの知識を取り入れる。指導者は、これを念頭におくよう心がける。

この新しい科学によって、構造力学と運動力学の観点からスポーツにおける失敗や伸び悩みの原因・理由を明らかにできる。そして、そうした考察をふまえ、よりよい成果を出すためには、どのように構え、どのタイミングで、どのように動作を起こすのがよいのかを追究することができる。また、用具の使い方や、用具の改良などについて考察し、よりよいものを追究していくこともできる。

今日、「バイオメカニクスつまりは力学を知らずしてスポーツを語るなかれ」と言っても過言ではない。指導者はもとより、選手も、またスポーツ関係者も、力学の知識をきちんと身につけ、それらの知見を競技力・演技力の伸び悩みや演技・プレーの失敗のチェック・診断に活用する。そして、それをふまえて、さらなる技術向上を追及していくことが望まれる。

(4) 真の意味での〈正しい動作〉とは

スポーツにおいて、正しい体勢（姿勢や構えをはじめ、運動用具の着想の仕方や持ち方など）とは、力学の法則にかなった姿勢や構えであり、力学的に問題のない用具の着想、持ち方、使い方のことである。

力学的に理にかなった体勢は、理にかなった動作、プレーをもたらす確率が高い。一方、力学の理に反する体勢は、理にかなった動作・プレーをもたらす確率が低い。運動開始後に体勢のつたなさに気がつき、それを修正しようとしても、わずかな時間では思うようにいかない。ましてや、運動開始後に体勢のつたないことに気がつかなければ、さらにつたない結果に終わってしまう。

これまで練習で実際に行ってきた立ち方、構え方、用具の使い方をはじめ、動作、身のこなし、プレーの仕方などについて、力学の観点から見直す作業は欠かせない。もし何か問題点に気づいたら、力学的に検討し、目的にかなった体勢や用具の使い方、それに動作、身のこなし、プレーの仕方を追究していくことである。つまり、力学の観点から、フォームの改善をはかるなり、より有効な動作やプレーの仕方を模索していくようにすることだ。「理科」や「物理」の教科で力学の基礎概念をしっかり学び理解して活用していけば、本人の力量に応じて問題点の改善が可能となる。

このような科学的な心意気が技術向上と記録更新をもたらし、さらに実力を伸ばして大会で好記録や大会新記録を出すことにつながっていく。技術向上のための「確かなパスポート」、それは力学（構造力学と運動力学）なのである。こうしてめざす先は、自己向上、そして世界の頂点に立つことである。

2. 具体的な課題・目標をもって練習すること

(1) 課題・目標をもつことの大切さ

毎日、同じような練習をしていると、次第にマンネリ化して、練習に今一つピリッとしたものがなくなる。また、日々の練習において練習内容がいくつかに及ぶと、練習の焦点がぼやけてしまい、いわゆる総花的な練習になりかねない。これでは、上達のためにはプラスにならない。場合によっては、さほど上達しないまま日々を過ごすことになりかねない。

そうならないためには、個々人においても、またチーム全体としても具体的な課題や目標をもって日々の練習に取り組むのが賢明である。

(2) 課題・目標もさまざまある

練習における課題・目標は、たとえば「今日は、〜に重点的に取り組もう」とか「本日の課題は、〜である」などである（以下、単に目標と表記する）。

目標の設定は、その日のものだけでなく週ごとにもあったほうが望ましい。たとえば、「今週は、〜を重点的にやろう！」や、「今週は、〜を重点目標にしよう」などである。そしてさらに、月間目標や、中期的目標をもつことも、必要である。たとえば、「今度の（次の）大会までに、〜をマスターしよう」とか、「今度の（次の）大会までに、〜を何とかできるようにしていこう」などである。さらに、目標には一定期間、年間、二か年間、四か年間などもある。

以上をまとめると、目標には、①日内目標、②週間目標、③月間目標、④期間目標、⑤年間目標、⑥二か年間目標、⑦四か年間目標などがある。このことは、個々人およびチーム全体のいずれにおいても同様である。こうして、明確な目標をもって日々練習にはげめば、そうでない場合に比べて、より確かな成果が得られる。そして、その成果は大会や試合にも現れるであろう。まさに、目標は船旅における羅針盤のようなものである。

(3) 目標設定の際の留意点

では、ここに目標設定の留意点を示しておこう。

第一に、先に掲げた目標のうち、①日内目標、②週間目標、③月間目標は無理のないものであること。少なくても七〜八割は達成できる事柄、つまり到達可能な目標（「到達目標」という）であることが望ましい。目標が達せられれば、当然ながらうれしいし、その後の練習にも一段と弾みがつく。

こうして、目標が達成できれば、それが意欲の牽引力となり、ここに動機づけ機能が認められる。

第二に、④〜⑦の目標については、それが到達目標（練習や学習により到達可能な具体的な目標）であることに超したことはないが、「方向目標」（現時点よりも高いレベルを示した、到達したい具体的な状態を表す目標）であってもむろんかまわない。方向目標は大分先のことなので、短期間の目標に比して、到達可能かどうかの見通しが確実にはもちにくいからだ。したがって、④〜⑦の目標に関しては、小・中学生や高校生の段階では方向目標あるいは夢や希望であってけっこうである。むしろ、ぜひとも夢や希望をもちたいものであり、またもたせたいものだ。結果としてそれがかなわなかったとしても、それは決してむだにはならない。そうした態度や取り組みの姿勢は、その後に何かとプラスになるはずである。

一流のアスリートや選手、国を代表するトップアスリート・選手は、むしろ到達目標のつもりで自分の目標や抱負をもって当然である。自己の可能性を見極め、大いなるチャレンジ精神をもって取り組むのである。格言にいう「意志あるところに道あり」（Where there is a will, there is a way）である。現時点での本人の実績・達成度や世界ランキングによっては、実際にメダル取得や六位入賞も夢ではなく、実現できるかもしれない。具体的には、現時点での実績ないし成績のもう一つ上を、場合によってはさらにもう一つ上のランクをねらうようにする。

世界の頂点に立ったことがある場合は、「次の大会でも、同じく金メダルを採るぞ！（優勝するぞ！）」と自らに言い聞かせ、自分に誓う。ときに、闘いとは孤高にして気高く、自己の可能性へのチャレンジこそ、スポーツマンにとって生きがいとなるはずだ。ぜひとも、「自分の、自分による、自分のための練習（training of myself, by myself, and for myself）」といきたいところである。

団体戦（各種格技・体操競技・競泳などの団体種目など）、チーム種目（多くの球技種目をはじめ、陸上競技や水泳のリレー、駅伝競走、チーム-アーティスティックスイミングなど）、ペア種目（卓球・テニス・バドミントンなどのダブルス、アーティスティックスイミングのデュエットなど）等の場合、選手個々人ごとだけではなく、チームとしての決意・目標設定を行うようにする。

3．合理的な方法で練習すること

食事というものは、ただ摂ればよいものではない。栄養のバランスが大切だ。つまり日々の献立の中身・品目が大切である。同様のことは、スポーツの練習にもあてはまる。練習内容（練習メニュー）に不足や偏りがあってはよくない。一定期間をみれば、必要な練習内容・品目が偏りなく盛り込まれていることが大切である。

練習の中身・品目には、ストレッチ、体力・筋力トレーニング、基本動作練習、技術練習、実践力向上練習（即戦力向上練習）などがある。これは多くの種目において基本的には同じである。ただし、年間を通じてどの時期も同じ練習メニューとはいかない。シーズン中とシーズンオフとでは、練習メニューは当然異なる。つまり、シーズン中とシーズンオフとでは、練習メニューを変えるなり、各品目へのウェイトのかけ方を変えるなりする。そして、大会が近づいてきたらそれに見合った練習を重点的に行う。さらには、天候や体調に応じて弾力的に練習メニューを変える。

疾病やけがなどで練習にブランクができて練習を再開する際も、練習内容と実際の取り組みようは、当然ながら普段とは異なる。久しぶりの練習だけに、まずは無理のないように行う。無理をして再発したら、元も子もない。回復の具合を確認しながら、あせらず、そして柔軟に取り組んでいく。

現実には、どのチームの指導者も、自分たちの行っている練習メニューや各練習品目の練習法が一番よい、あるいはとくに問題ないと思って取り組んでいるであろう。しかし実は、日々の食事と同じく、本当にそれでよいかどうかは、また別である。このような冷静さを忘れないことだ。

そこで、年に一、二度、定期的に練習メニューと各練習品目の練習法の点検を行うようにするのが望ましい。人間のやっていることに完全無欠はない。とにかく、〈よりよい練習メニュー〉〈よりよい練習法〉を求めて、改善すべきは改善をはかっていくことが賢明であり、得策である。

4. 上手な人・チームの技を見て学ぶこと

⑴ まずはピアモデルから見習う

どの種目でも、同じサークル・部内に、ほかの部員・メンバーよりも技術的に抜きん出た人がいる。ここに上達の秘訣やヒントがある。上達したかったら、その人をお手本にして見習えばよい。

師匠の技を見て、真似して自分のものにしていくことを「見取り稽古」という。また、「技を盗む」という言い方もある。なお、技を盗むのは、何も指導者からだけではない。上級生・先輩から、ときには同年齢の仲間からも見習ってみる。さらには、有能な下級生からも学ぶようにする。

お手本が仲間や上級生、ときには下級生であれば、それは心理学的にいえば「ピアモデル」という。一方、優秀なOBや監督・コーチは技術的にハイレベルであるから、「マスタリーモデル」という。まずは手短なところから、つまりピアモデルから学ぶことだ。日本語の「学ぶ」の語源は、「真似る」であり、それが「まねぶ」に変わり、さらに「学ぶ」になったといわれる。真似上手は、学び上手なのである。

(2) 上級者はマスタリーモデルを見習う

高校生や大学生の段階になれば、また、一流選手ならば中学生段階でも、指導者のレベルに近づくべく、その動き・技を見て覚えて取り入れるようにする。先に述べたように、指導者の技を盗むのである。技術的に上級者なら、それが容易にできるはずである。

なお、初心者や中級者の段階では、マスタリーモデルよりも、ピアモデルに依ったほうがよい場合が少なくない。練習者には自分に近い人のほうが真似しやすく、結果として習得しやすいからだ。

(3) 上級者は映像モデルも活用したい

スポーツにおいて、マスタリーモデルとなるのは、何も自分の周囲の人(「実生活モデル」という)だけではない。ビデオ教材をはじめ、テレビのライブやスポーツニュース、あるいはドキュメンタリー番組などで、一流選手の動きやプレーを見て真似できれば、それは大いにけっこうなことである。映像内の「モデル」(手本)は、「映像モデル」と呼ばれる。私たち人間はほかの動物とは異なり、視聴覚的情報媒体から実にさまざまな事柄を学ぶことができる。

けがをして実際の練習・稽古ができないときや、忙しくて練習ができないときには、映像モデルによって「観察‐受容練習」が可能である。

(4)　上級者は象徴モデルからも学び取れる

今日、多くの種目において、さまざまな解説書が世に出ている。さらには、スポーツコーチや専門家の話（講演や講義など）を聞く機会も少なからずあろう。解説書や講義・講演内容は「象徴モデル」と呼ばれる。中学生や高校生以上ならば、上級者はもちろん中級者でも、解説書からいろいろと吸収し、実際の練習に役立たせることができよう。

5．反省して弱点・欠点を改めること

(1)　一流選手にも弱点・不足はある！

スポーツ選手でなくても、誰にも何らかの欠点や弱点がある。まったくなかったとしたら、むしろおかしい。ことわざに、「なくて七癖（ななくせ）」というほどである。人間は、誰もがはなはだ不完全な存在だ。社会全体としても、常に何かと問題含みの状況にある。

スポーツにおいては、いかなる種目であれ、仮に優れた指導者の下で練習にはげんでいても、すべての点でパーフェクトに演技・プレーができるようになるわけではない。多くのプレーヤー・選手においては、思うようにはいかず、何かとミスが生じやすい。格闘技でいえば、多彩な技の持ち主はごくまれである。いかに優秀な選手であっても、技術や基礎体力の点で何らかの弱点・欠点、クセ、不足などがある。トップアスリートですら、完璧・パーフェクトの域に達することは容易ではないであろう。そこは、純度百パーセントの金塊やガソリンが存在しないのと似ている。

どの種目にも難度の高い技がいろいろあり、超一流の選手といっても、すべてがすんなりとできる

わけではない。フィギュアスケートの競技を見れば、よくわかる。トリプルアクセルや四回転ジャンプをノーミスで連続して行うことは容易ではない。「前の大会で見事に決めたので、今回もできるだろう」と、本人も周囲も思っていたが、予想・期待に反してミスが生じることは少なからずある。

(2) 上達するためには弱点・欠点を改めるべし

初心者や中級者はもとより、上級者においても技の完成度はそれなりであり、それぞれに改めるべき点がある。しかし、不完全な状態・レベルに甘んじているわけにはいかない。可能なかぎり一日でも早く、少しでも多く欠点・弱点を改め、不足を補っていきたいものである。それを努力目標にしてやっていくことが大切だ。弱点・問題点を改めることは、けっして簡単なことではないが、それを克服してこそ一皮むけ、さらに上達できるのである。

上達するとは、一つには、自己の欠点・弱点が改まっていくこと、不足が補われていくことである。実際にそうなれば、欠点・弱点がなくなるばかりか、結果として長所が増えていく。たとえば、スタミナやスピード、パワーなどの不足が解消すれば、スタミナやスピード、パワーが普通以上に増す。逆にいえば、自己の不足を補い、欠点・弱点を改めようとしなければ、そう簡単には上達しない。仮にそれなりに上達しても、不足や欠点が残ったままでは、さらなる上達の足かせとなる。

(3) 弱点・不足のチェックとその改善法

では、ここで、欠点・弱点・不足などの把握の仕方について確認してみよう。

①練習を通じて脳内モデルが形成される

通常、指導者は、まずは正しい動作の仕方をやってみせる(示範する)とともに、好ましくないやり方・プレーの仕方・技のかけ方などもやってみせるであろう。こうすれば、理解が深まるはずである。また、部員・選手個々人の問題点については、指導者から指摘されるであろうから、本人はわかっているはずである。

こうして、指導を受ける側は、正しいやり方について一応頭でわかる、つまりイメージ化できるようになる。そして、日々の練習の中で、次第に正しい動作についてのイメージがより鮮明に形成されていく。これが技術習得の脳内部の様子である。そして、そのイメージのことを、筆者は「脳内モデル」と呼んでいる。前項で見てきたように、通常、脳内モデルは仲間や上手な人の動きやプレーの仕方をよく見ることにより形成される。さらには、ビデオなどによって一流選手の演技・プレーを見ることも、脳内モデルの新たな形成や修正・改善などに役立つ。そのようなわけで、ぜひとも有効活用していきたいものである。

②脳内モデルに照らしての演技・動作のセルフチェック

そのように形成された脳内モデルに照らしてみて、自己の動作・プレーの仕方についてセルフチェックしてみる。この作業が自己の弱点・欠点の克服法の基本である。

実際には、セルフチェックのために、大きな鏡の前で実際にやってみる。あるいは、練習中の様子をビデオに撮っておいて、後できちんと確認してみるようにする。いずれのやり方においても、自分なりに描いている脳内モデルに照らして、実際にそのとおりにできているかどうか、厳しくチェックする。こうして、脳内モデル通りに実際にできていれば、ひと安心である。もし、できていない場合は、脳内モデルと一致するよう、実際の動作を修正していく。多くの場合、このような努力を日々行っていけば、より正しいフォームが身につき、きっと上達していくであろう。

③脳内モデルの定期点検を行う

ただし、人によっては、脳内モデルが不完全なものであったり、ときに誤ったものであったりすることがある。そのため、真剣に上達したいと思うならば、自分よりもうまい人の演技・プレーをよく見て、よりよい脳内モデルに修正していくようにするのがよい。つまり、〈脳内モデルのバージョンアップ〉を図ることだ。それには、脳内モデルについての定期点検が欠かせない。こうして、点検・管理すべきは健康面や使用する用具だけでなく、脳内モデルもその対象となるのだ。

なお、スポーツにおいて習熟する・高度に上達するとは、脳内イメージをことさら思い浮かべなくても、反射的に体が反応し、目的動作がスムースに行えるようになることである。そのためにも、まずは〈正しい脳内モデルの成立〉が欠かせない。まさに、「始めにイメージありき」なのである。これは「始めに試行錯誤あり」に比べて、時間的にも労力の点でもむだが少なく、とても効率がよい。もつべきものは、「よりよいイメージ」である。

④思いどおりにできないときの対処は—その原因の解明を

脳内モデルが仮に正確で望ましいものであっても、実際にそのとおりに演技・プレーできるとはかぎらない。正確にやろうと思っても、思いどおりにいかないことがよくある。初心者や中級者レベルにおいてはもちろんのこと、一流選手にしてそうである。こうして、演技・プレーにはブレやばらつきが生じる。いわば、理想と現実のギャップやズレである。これが現実である。そのズレを最小限にすることが課題となるのである。

物事の発生や変化、結果にはそれなりのわけや原因が必ずある。したがって、たまたまそうなったとか、偶然にそうなったなどと簡単にすませないことだ。このようなわけで、思いどおりに演技・プレーができないとき、あるいはミスが生じたとき、なぜそうなったのかを自分で考えるようにすることが大切だ。これが上達にとって欠かせない。この際、本節の最初に述べたように、まずは力学の観点からの検討が有効である。そしてメンタル面のチェックも必要である（第4章参照）。

⑤敗因診断票の活用

自己の欠点・問題点は、大会や試合においてはっきりと現れるものである。巻末に、敗因診断票を掲載してあるので（付録2）、それを活用していただきたい。それによってセルフチェックしてみれば、自己の問題点がよりはっきりと確認できるであろう。それに基づいて、今後の課題や努力目標が設定できる。このような点検作業を地道に継続していけば、確実に技術向上が可能となる。〈日々の練習→大会・試合の振り返り→課題・努力目標の設定→実行〉の一連の流れである。

6．創意工夫を心がける

⑴　練習では体だけではなく頭も使う

指導者にいわれたとおりに練習を行うことは、技術向上・上達のための基本的条件であり、大切なことである。しかし、人一倍上達したいのなら、それだけでは十分とはいえない。それに加えて、自分で創意工夫を心がけることも必要である。そもそも、多人数で練習する場面では、指導者は部員・選手一人ひとりに十分に目が届かないことがあるからだ。

創意工夫は、個人練習の場合はもちろんのこと、みなと一緒の練習（合同練習）の際にもできるものであり、また必要である。個々人のペースで練習に取り組む種目（体操競技・水泳・フィギュアスケート・空手道の個人形など）では、とくにそうである。練習において、毎回の試行について動作・技をセルフチェックし、必要に応じて創意工夫をはかったうえで次の試行に向かうようにする。

創意工夫は実際の練習時だけではない。帰宅途中の車内で、あるいは家でも試みてみる。たとえば、フォームや構え、プレー中の身のこなし方、技の出し方・使い方、グローブさばき、リラックスの仕方、ボールの受け方・投げ方・パスの仕方など、自己の種目に関係のあるものならば何でもよい。どうすればミスをなくせるのか、さらにはどうすればうまくいくのかについて考えてみる。物事において、自分で問いを設定すること、つまり自問してみることが、問題の解決や物事の改善・向上の第一歩なのだ。こうして、自問自答は思考作用の原点であり、これこそが主体性の証でもある。

創意工夫のためには、仲間同士で話し合ってみるのもけっこうなことだ。各自が一人で考えるよりも、アイデアがいろいろと頭に浮かんでくるであろう。集団思考の強み・長所である。「三人寄れば文殊の知恵」というとおりである。

(2) 自主練習ではとりわけ創意工夫が大切

個人練習・自主トレーニングなればこそ、創意工夫が存分にできよう。「どうしたら、うまくいくか」「どうしたら試合で勝てるようになるか」、あるいは「もっとよいやり方はないだろうか」などと自問してみる。そして、それに対して自分で自答してみるのである。妙案が頭に浮かんだら、それを実際に試してみるのである。これが、すなわち創意工夫である。

よいアイデアがすんなりと浮かばなくてもかまわない。このような習慣をつくるのが大切なのだ。練習を絶やさず継続し上達していくうちに、いずれはそうした創意工夫の心がけが実を結び、よいアイデアがひらめくときがくる。「桃栗三年柿八年」というように、何事も実を結ぶまでには、それなりに時間を要するものだ。ここはあせらずに、じっくりとやっていくところである。

(3) 創意工夫の具体例

具体例をあげておこう。今ではあたりまえになっているが、バレーボールにおける「回転レシーブ」がその代表格の一つである。立位姿勢でのボール処理＝通常のレシーブではなく、体を床まで屈めて身を回転させながらボールをレシーブするや否や、前転あるいは横転して滑らかに素早く起き上がる。まさに忍者のような身のこなしである。

この技を繰り出したのは、大松博文監督率いる日紡貝塚女子バレーボールチームである。一九六一年に欧州遠征で二二連勝した際には、彼女たちは「東洋の魔女」の異名で広く世界に知られることになる。その後、このチームから多くが選出された第十八回東京オリンピック大会（一九六四年）の日本女子バレーボールチームは、悲願の優勝・金メダルを獲得した。

もちろん、男子チームも負けてはいない。同じく一九六〇年代に、「時間差攻撃」と呼ばれる新しい攻撃技を編み出した。その「秘密兵器」を使って、一九七二年、ミュンヘンオリンピックで金メダルを獲った。それ以降、バレーボールは「日本のお家芸」といわれるほどになった時代もある。

格闘技において、背丈が低い場合には機敏な動きを身につけるようにする。空手道の蹴り技を補強するためには、三〜四キログラムもある鉄下駄を履いて走ったり、蹴ったりして足腰を鍛えていく。

あるいはサンドバックを素早く思い切り蹴るようにするなどである。こうすれば、確実に蹴りの威力とスピードを増すことができる。突き技ならば、素突きのほかに、サンドバックやパンチングミットを使って連打の練習を行うなり、一発一発思い切り突く練習を二十～三十回連続で行ってみるなどである。これは、筆者が大学三年生のとき、ボクシングをヒントに始めた練習法である。

サッカーや空手の蹴りの動作においては、蹴るほうの脚ではなく、立ち脚の強さ・使い方と体のバランスがとても大切である。このことに気がついて、それをマスターすれば、正確で威力ある蹴りができるようになるはずだ。

近年の例を一つあげておこう。U-18ワールドカップ（W杯、二〇一七年九月一日開幕。カナダ・サンダーベイ）においては、プロ野球と同様に木製バット使用と規定されている。そのようなわけで、高校日本代表として出場した早稲田実業高等部の清宮幸太郎内野手（現日本ハム選手）は、八月二十二日からの国内合宿では、練習に重さ一キロを超える韓国製の木製マスコットバットを導入する、と報じられていた。むろん、「謎の新兵器」で高校通算一〇八本塁打の新記録をめざそうとしていたわけだ。そして、同じく出場した広陵高校の中村奨成捕手（三年生）には負けられない、とライバル意識を燃やしていたという。創意工夫とライバル意識の二人三脚のなせる結果である。

(4) 創意工夫には副次的効果もある

創意工夫には、先に述べた本来の成果だけではなく、副次的効果も認められる。むろん、それは「負の副産物」ではなく、「正の副産物」である。まずは、練習への意欲が一段と強まる。創意工夫によってうまくいったら、もちろんうれしい。こうなると、また、自分で考えてみよう、創意工夫を心がけていこうという前向きの姿勢・やる気も出てこよう。

古くより、「好きこそ、ものの上手なれ」というが、これは、人間の精神的資質＝知・情・意のうち主に「情」に動機づけの根拠を求めたものだ。それに対して、創意工夫による動機づけは、「知」にその根拠をもつ。しかも、自分の意思で創意工夫を行うので、これには「意」も関与する。結局、創意工夫による動機づけには、「知」と「意」の二つの精神作用がかかわっている。こうして、好きで始めた練習に、この静かな闘魂・冷静なやる気が加わり、やがてよいアイデアがひらめき、それを試みて有効なノウハウとわかれば、本人としてもとてもうれしい。ここに再び「情」が自己動機づけにかかわることになる。つまり、知・情・意の相互影響による螺旋状的上昇が生ずる。こうなればやる気は衰えることなく、より強くなっていくであろう。

7．自主練習も行うこと

(1) 個人練習の意義

スポーツでは、プロ・アマを問わず、いわゆる自主練習や個人練習の有効性・重要性が知られている。人よりも上達したいのなら、自主練習や個人練習も行うようにする。時間のあいたところで、一人で黙々と練習を行う。たとえ短い時間でも集中して行えば、それなりの効果は必ず得られる。たとえば夜間、自宅の前でバットの素振りを黙々と行っている野球少年の光景などを思い浮かべてほしい。

こうして個人練習を行うと、技術面のセルフチェックと技術向上に役立つばかりか、スポーツ技術

の理論（セオリー）にも明るくなっていく。そして、いずれは自分でも納得のいく演技・プレーができるようになれば、しめたものである。

(2) 個人練習の課題・目標と留意点

個人練習にかける時間は、日に十五分でも二十分でもいい。三十分間やればさらによい。その日の体調・コンディションや生活状況に応じて、自分のペースでやっていけば、それでよい。いわゆる三日坊主にならないよう、継続していくことが大切だ。

さて、個人練習の課題と行動目標には、①基本動作の正確な反復マスター、②スタミナの増強、③悪いクセの修正・改善や弱点の補強、④得意技のさらなる練磨などが主にあげられよう。なお、練習環境の整備具合によっては、高度な技術の練習も可能である。あくまでも、練習環境やその日の状況に応じて弾力的・柔軟に取り組むようにすればよい。

その際、ただ反復練習を行うだけではなく、中学生頃からは、自ら考えることも加えて練習に取り組むようにする。たとえば、シンキング空手、シンキング野球、シンキング卓球、シンキングサッカーなどである。考えることもトレーニングであり、創意工夫の心得である。なお、いうまでもなく、ここにバイオメカニクス・力学の基礎知識が大いに活用できる。

とくに技術面の練習においては、自己の欠点をチェックしながら、監督・コーチからいわれたことを思い出して、正しい動作を身につけるよう心がける。練習を始めてから二、三年以上経過し中級レベル以上では、ぜひそうしたいものである。同じく個人練習を行うにしても、セルフチェックをしつつ、そして考えるという知的作用が加わるかどうかで、成果にかなり相違が出てこよう。何事によらず、物事の成果は知・情・意・体の総合力なのである。

8. 練習を絶やさず継続すること

何事もその道において一人前になり、さらに人一倍優れるようになるためには、日々の努力を怠ることなく、練習・稽古を継続していくことである。

まずは、「石の上にも三年」である。さらに五年、十年、さらには十五年、二十年、三十年と継続していく。スポーツ以外の分野では、四十年、五十年、六十年と長く継続していくことがトップレベルになるのには欠かせない。伝統芸能や芸術の世界、職人の世界ではとくにそうである。幼少の頃より始めて、長期間に及ぶたゆまざる稽古・修行が重視される。そこは奥が深く、技術の向上には限界がない。

偉大な先人、宮本武蔵の言葉をみてみよう。その著書『五輪書』に「朝鍛夕錬」(朝に鍛となし夕に練となす）というものがある。一日、一回の稽古で終わるのではなく、朝に夕に行うべし、と彼はいう。

そのわけを、筆者は体験的にも心理学的にも、次のようにとらえている。つまり、朝あるいは午前中に行った練習の効果が消え失せることなく体（筋肉や脳神経系）に残存している状態で、午後や夕方に再び練習・稽古したほうが、その日の練習効果はより確実に翌日まで残る。つまり、練習効果のより確実な定着である。

武蔵はさらにいう。「千日の稽古を鍛といい、万日の稽古を練という。よくよく検討すべし」と。鍛錬という言葉の由来か、それとも鍛錬の真の意味を解いたのかはともかく、継続することの大切さを語った奥深い言葉である。

要は、「継続は力なり」であり、多忙であっても、細く長く継続していく。「生涯学習」「生涯武道」「生涯スポーツ」が標榜される今日、よりよく生きるための基本的なスタンスでもある。

以上、本節では技術向上の条件として八つを掲げて解説した。これらのどれ一つとして、勝利をわが手中に収めるためには欠かすことのできないものである。しかし、いずれもとくに目新しいものではない。スポーツ関係者ならば、ましてや指導者ならば一とおりわきまえている事柄であろう。

ところが、すべてをきちんと実行している人はそう多くはない。「学問に王道なし」といわれるように、スポーツの技術向上にも、王道や特効薬はない。あたりまえのことの中に秘められた意義・重要性にいち早く気づき、しっかりとわきまえて実行することが大切なのだ。「悟りは脚下にあり」というように、上達の秘訣もごく身近なところにある。

これら八つの条件がスポーツ関係者の間で常識となって、実践されるようになれば、わが国のスポーツ界は一ランクも、二ランクもアップすること間違いなしである。そして、世界に遅れをとることなく、日本のスポーツ界はさらなる進化をとげるであろう。

第二章
試合に勝つための条件

　真剣に取り組んできた日々のトレーニングの成果が試される場は、もちろん大会や競技会である。第二章では、大会や競技会で日頃の練習や稽古で身につけた技を存分に発揮して好成績を収めるためにはどうしたらよいのか、つまり試合で勝つための条件を確認したい。

第一節　勝敗を決める要因

1．まずは心・技・体が基本

　試合後に敗者の弁としてよく聞かれる言葉に、「くじ運が悪かった」「審判の判定がおかしかった」「グラウンドのコンディションが悪かった」などがある。そのように語る敗者の気持ちはよくわかる。しかし、そういってみたところで後の祭りであり、けっして生産的ではない。そのままでは次の大会でもまた同じように負けてしまうかもしれない。二度と同じ轍をふまないためにも、まずは己の足元をしっかりと振り返ってみることが大切だ。

(1)　基本的三要素としての心・技・体

勝敗におけるもっとも基本的な条件として、選手自身の〈精神的要因〉〈技術的要因〉〈身体的要因〉の三つがあげられる。古くからいう「心・技・体」である。

まずは、日頃の練習で身につけた技量つまり実力がどれだけのものかがもっとも基本となる。それに続いて体力や体格、スタミナなど身体面である。そして、さらに精神的な要因がかかわる。しかも競技中の精神状態は想像以上に勝敗に大きく影響する。「技」「体」「心」の三要素が、勝敗を決める基本的三要素となる。語呂よく「心・技・体」と並べ替えてワンセットにして言い表されてきた。

(2)　変動しやすい「心」と「体」

大会前日あるいは当日になって変わりやすく、しかも悪い方向に変わってしまうのは、三つの基本的な要素の中でも「心」（精神的要因）である。たとえば、試合中に不要な心身の緊張が生じたり、気持ちに余裕がなくなったりする。さらには、ここ一番という大事な場面でプレッシャーに弱いなどの精神的問題も発生しやすい（なお、精神面での工夫や対策の詳細は、第四、八、九章を参照）。

ただし、今後、わが国においてはプレッシャーに簡単には負けない選手がこれまで以上に多く出現するだろう。つまり、「スポーツ界におけるニュータイプの出現」または「バージョンアップ」である。これは、私たち日本人の精神面の改造・一大進化とでもいえるだろう。

「心」に続いて変わりやすいのは、「体」である。大会の前日や当日、体調に異変が生ずることはよくあると知られている。風邪気味、腹を下し気味、あるいは競技中のけがや負傷などの異変、ハプニングの発生である。それに対して、通常、「技」のでき具合は精神状態や体調によって影響を受けることはあっても、競技中に技術水準それ自体が低下することはない。それどころか、十代の伸びざかりの若手選手の場合には、とくに水泳や陸上競技などの種目で大会で自己新記録や大会新記録、あるいはオリンピック新記録を出すことまで少なからずあった。そのようなことは今後も起こるだろう。

また、球技種目や格技種目など対人競技においては、トーナメント戦で勝ち進んでいくなかで、日頃以上の技量を発揮し、好成績をあげる選手がいる。上達中の若い選手の場合はとくにそうである。大会という本番を通じて力をつけていける。試合も練習や技術向上の場となっており、まさに「現場で鍛える」であり、若さの強み・若さの特権でもあろう。

(3) 心・技・体は個人戦だけではない

これは団体種目、さまざまなチーム種目・ペア種目にもあてはまる。選手一人ひとりのトータルとしての「心・技・体」が考えられるからである。チームの中に「心」と「体」の面で調子を崩したり負傷したりした選手が出た場合と、そうでない場合とを比べてみれば、ちがいは明白であろう。

こうして、スポーツ競技は、自分と対戦相手、あるいは自分のチームと対戦チームとの「心・技・体」の総合力の闘い、競い合いである。加えてそこにさまざまな外部要因がかかわり、影響する。「運を呼ぶのも実力のうち」という。むろん、運を逃してしまうのも、また実力のうちではある。

2. 外部要因もバカにならない

「勝負に運はつきもの」あるいは「勝負は時の運」ともいわれる。試合や競技会では、選手個々人の実力（心・技・体の総合力）のほかにも外部要因が影響する。それには、次のような事柄がある。

①競技場の状況（気温・湿度、明るさ、風向き、コート・グラウンド・床の状態など）

②大会開催地の風土・文化（気候・気圧、季節、食事、生活様式、文化的特徴など）

③審判の問題（審判員の構成、審判上の判定ミス、えこひいき、審判員のクセ・偏り、ビデオ判定の有無など）

④競技場の雰囲気（観衆の数や声援など）

⑤監督・コーチの指導力量や采配ぶり

⑥競技中の不慮の出来事（けが・故障、ハプニングなど）

⑦トーナメント方式において、対戦ブロックや対戦相手を決める際のくじ運

このように、外部要因だけでも、じつにさまざまな事柄があげられる。大会に向けて、そして大会の当日、それらを見落とすことなく留意したり、配慮したり、きちんと対処したりすることは、容易ではない。リストアップしたものをいま一度振り返ってほしい。

第二節　試合に勝つための事前準備

1．まずは日頃の練習が第一

前述のように、勝敗を決する基本条件は、選手個々人の心・技・体である。したがって、大会で好成績をあげるには、何はさておき、日々の練習や稽古を通じて体力とスタミナをつけ、技術向上をは

かることである。つまり、実力をつけることだ。

それには、技術向上の諸条件をきちんと満たした練習・稽古を行い、勝利をめざして真剣に努力することが欠かせない。これは大会で好成績をあげるための事前準備の基本となる。

2. 精神面の問題を克服しておく

(1) 大会ではさまざまなプレッシャーがかかる

大会や試合に出場する選手が直面する心理的問題には、一般人の想像をはるかに超える事柄がいろいろとある。大会・試合が近づいてくると、変に神経が過敏になり、緊張が高まってくる。

精神的緊張の高まりを取り除こうとして、「平常心!」と心の中で唱えてみても、そう簡単にはいかない。にわか仕込みの対処・対策では歯が立たず、むしろ緊張が高まることさえある。このようなことは、スポーツ選手ならば多くの人が一度ならず経験する。国を代表して世界大会やオリンピック・パラリンピック大会に初めて出場する場合などは、とくにそうであろう。

「あがり」をはじめ、不要な緊張は、競技においてはむろん「悪玉要因」となる。次に、演技や対戦中にマイナスとなる精神面の問題を、より具体的に確認しておこう。

①自分の出番が近づくにつれて、気分が落ち着かなくなる。

②負けるのではないか、あるいはミスをしてしまうのではないかなどと不安になる。

③今日(今回)もまた失敗するのではないかと、つい思ってしまう。

④名の通った選手にあたると、気後れする。

⑤観客席の光景や人声で気が散ってしまい、演技・プレー中に集中力が乱される。
⑥勝ち負けを意識しすぎる。
⑦勝ちを急いでしまい、自分のペースやリズムを乱してしまう。
⑧ミスをしたり、自分の思うようにいかなかったりすると、リズムやペースを乱してしまう。
⑨負けまいとして慎重になりすぎて技が委縮したり、消極的になったりする。
⑩相手にリードされると、ついあせってしまう。
⑪自分のほうがリードしていると、つい気が緩んだり、油断したりしてしまう。
⑫思うようにいかないと、あせったり、自分の技に自信がもてなくなったりする。
⑬試合が長引くと、集中力が低下してくる。
⑭対戦中にあれこれと考えすぎてタイミングが遅れ、相手にやられてしまう。
⑮試合の前日、気持ちが落ち着かなくなり、床に就いても寝つきが悪く、睡眠不足になる。
⑯大会が近づいてくると、体調を崩しやすい。
⑰あがってしまう。

以上、さまざまな精神的重圧や問題が生じることが、あらためて確認できたであろう。もし、部員として、あるいは出場予定の選手として、そうした問題を抱えている場合は、できるだけ早急に解決しておく。それが勝利への条件の一つとして欠かせない準備である。

(2) 問題の克服の方途は

先にあげた問題の克服法は、とにかく、ただ一人で悩んでしまわないことである。まずは、親しい仲間に相談するなり、そうしたメンタル面のことを仲間同士で話し合ったりしてみる。それだけでも気持ちがグーッと楽になり、安心できることもあろう。「悩みごと・プレッシャー、みなで話せば楽になり、怖くない！」となれば、しめたものである。事柄によっては、監督やコーチなど指導陣に相談してみるなど、そこは状況判断が必要である。なかなか改善しそうもない場合は、スポーツカウンセラーや心理カウンセラーなどに相談してみるのもよい。

3. 日常生活も練習の場と考えよ

(1) 日常生活も大会につながっている

競技成績に影響するのは、日々の練習態度や練習の中身だけではない。日常生活つまり生活態度や生活習慣も陰に陽に勝敗にかかわってくる。

まずは、健康面への配慮すなわち健康管理である。日々の食事と十分な睡眠が基本となる。また、無理なことをしてけがをしたり、交通事故に遭ったりしないよう気をつける。さらに、対人関係や勉学・仕事などにおいて問題を起こしたり、大きなミスをしたりしないよう心がける。このような問題は、陰に陽に集中力に影響して、結果として大会の成績に何かと影を落とす可能性がある。こうして真に技術向上を望み、大会で好成績をあげるには、普段の生活態度もけっして軽視できない。

(2) 実生活の中にも練習の場や機会がいろいろとある

自宅から学校や職場まで数キロ程度の道のりならば、交通機関を利用するのではなく、歩くなり走るなりして通うと脚力のトレーニングになる。毎日のことだけにバカにならない。古くから、このように実行しているスポーツ選手はけっこういた。それは、「日常生活の中にも練習の場や機会がある」という考えである。また、電車やバスの中では、吊り革や手すりに頼ることなく立っているのも、全身で体のバランスをとる練習になる。平衡感覚とともに、腹筋や下半身の筋肉もかなり使う。

要は、日々の生活のありとあらゆる事柄を技術向上に結びつけるという柔軟かつしたたかな発想、そしてその実践が大切なのである。日々の心がけや努力は、決して人を裏切らず、それなりの成果をもたらしてくれる。

(3) 体を使うだけが練習ではない

単に体を使うだけが練習ではない。頭を使い、観る目と予想能力も磨いていくよう心がけることだ。たとえば、サッカーや野球の実況中継をテレビで観戦中にただ楽しむだけでなく、試合の流れやプレーヤーの動き、技・球種などを予想しながら観る。楽しく観ながらも、「技の見取り稽古」ができるわけである。

また、個人戦の種目においては双方の選手の相違点と類似点について、チーム対抗戦の場合は双方のチームの特徴や相違点・類似点などについて、よくよく見抜くようにする。このように観る目を養い、技量を磨いていけば、実際の技術向上にも必ず役立つはずである。

4. 効果的な大会前シフトの体制づくり

(1) さまざまな大会前シフト体制

大会が近づいてくると、普段の練習や稽古とは異なり、大会に照準を合わせた体制が採られるであろう。このことは古くからの伝統であり、「大会前練習シフト」あるいは単に「大会前シフト」と称するものである。それは、競技種目、大会の種類や重要度などにより、その日数ないし期間はそれなりに異なるであろう。たとえば、「大会二か月前シフト」「大会一か月前シフト」「大会一週間前シフト」、「大会三日前シフト」などといろいろある。具体的には、強化合宿に入るなり、あるいは合宿のかたちを採らないまでも強化練習期間とか、最終仕上げ期間という意味合いの練習期間である。なお、その実際はそれぞれの組織・状況などにより異なる。

(2) 大会前シフトの練習の中身—到達目標の設定

大会前シフト期間中の練習時間は普段よりも多く、また練習メニューや練習内容も普段とは異なる。一般的には、次のようなものが考えられよう。

①得意技のさらなるブラッシュアップ
②弱点や欠点の改善・補強
③実践を想定した練習〈実践想定練習〉——個人戦・チーム戦のいずれにおいても
④対戦相手・チームを想定した練習〈予想される対戦相手対策練習〉——具体的な個人やチームを想定した対策練習、苦手なタイプを想定した練習、これまでにないタイプを想定した練習
⑤さまざまな試合場面を想定しての練習〈場面想定練習〉——優勢を想定しての残り三〇秒（一〇秒）前試合運び、劣勢を想定した三〇秒（一〇秒）前試合運び、特定の攻撃技を想定しての対応策練習（たとえば、空手道やテコンドーで上段回し蹴りに対する対処法）

以上のような練習内容については、多くの場合、普段の練習の中で過不足なく行うことが必ずしも

容易ではないこともあろう。そこで、「大会前シフト」練習期間においては、先の①〜⑤を普段よりも多く行っていこうというわけである。いうまでもなく、①〜⑤のどれを行うかは、各選手の状況に応じて、あるいはチームの状況に応じて決めればよい。

なお、世界大会やオリンピック大会など大事な大会直前の「大会一週間前シフト」や「大会三日前シフト」においては、いわゆるガムシャラな練習ではなく、けがなどしないようむしろ最終調整の意味合いでの練習となる。

大会前シフトについては、当然、年間活動計画のなかに位置づけておき、それまでの経験をふまえて、よりよい「シフト計画」を立てるようにする。なにごとも事前の準備・計画が大切だ。よりよい結果は、事前の準備・計画に潜んでいるからである。それが大会当日、いわば、あぶり出されるかたちとなって現れる。この点、仕事も勉学も、スポーツもまったく同じである。

(3) 大会前シフトの必要性・有効性

大会前シフトには、まず各選手やチームの技術面の向上・補強という一大目標・課題がある。先に掲げた①〜⑤はいずれも単なる方向目標ではなく、ぜひとも成しとげ、到達したい目標、つまり到達目標であることが望ましい。そして、それ以外にも、大会前シフトの集中的練習には、次の三つの役目・効果が指摘できる。

第一に、監督・コーチつまり指導陣と選手が一体となって、大会に向けての気持ち・心がまえ・目標をしっかりとつくっていくことである。たとえば、「今度の大会では、自分は必ず優勝するぞ!」とか、「今度の大会では、選手生命をかけて全身全霊で戦うぞ!」「今度こそは、彼らには絶対に負けやしないぞ！」「前大会の優勝者としてプライドにかけても絶対に負けるわけにはいかない！」などというように、大会に臨む決意を固めたり、自己暗示を与えたりするのである。

団体種目やチーム種目においては、「今度の大会では、優勝をねらおう！」とか、「あのチームにだけは、絶対に負けられない！」「今度、あのチームとあたったら、前回の借りを必ず返してやろうではないか！」などと、みなで大会に向けて気持ちを一つにしていく。大会前シフトに入ると同時に、まずはこのような決意固めをするのである。こうして、一種独特の、よい意味での緊張感と目標をもってシフト期間中の練習・稽古にはげみ、中身が濃く、きつい練習を乗り切るようにする。

第二に、大会において予想される対戦選手や対戦チームについての情報収集（戦力、長所・短所、特徴などについて）をできるかぎり行い、それに基づいて作戦を練る。これまでにも、「データ野球」というのを聞いたことがあろう。〈データに基づく戦略〉である。こうして、大会も一か月前となり、いよいよ近づいてきたら、作戦の最後的な詰めを行うようにする。

なお、データは過去のものだけではなく、できるだけ新しいほうが望ましい。そして、収集した情報に基づき、予想される対戦相手の戦力を分析することになるが、その際、相手の持ち技・得意技を狭く見積もる、つまり過小評価することなく、できるかぎり広く見積もっておく。けっして、相手の戦力をあなどってはならない。相手も劣らず高度な戦略・作戦を練り、秘策を練って大会に臨むはずだ。準備段階では、こうした慎重さがまずは大事である。

万一、甘く考えて試合に臨めば、大会当日、実際に試合が始まってからあわてたり、あせったりしかねない。それだけは避けたい。負けたあとに「想定外の事態が起こった」などと言いわけをしないためにも、そうである。

そのような慎重な考えによって練られた作戦・戦略に基づいて、⑵の④で述べたように、対戦相手を想定した幅の広い実践練習を行う。このように、大会・試合は、すでに準備段階から実質的に始まっている。何事も、「早いは良い」（The sooner, the better）である。とにかく、相手に遅れをとってはならず、「先んずれば人を征する」である。

第三に、練習の総仕上げと大会直前の調整である。試合・競技の三日前になったら、練習は目いっぱい行うのではなく、いつもよりも軽く抑えるようにして、大会当日に疲労をもち込まないようにする。大会当日まで心身の疲労が残っていたのでは、競技中に心身ともに百パーセントの実力が発揮できないからだ。運動生理学の知見によると、日々ハードなトレーニングを行っている場合、完全に疲労が回復するには、丸二日はかかるという。

以上、〈大会前シフト体制づくり〉について確認した。そのシフト期間は、一、二週間から、長い場合は半年あるいは三か月前後と、さまざまであるが、ここに述べた事柄をきちんと実行すれば、驚異的な成果・効果をあげられる。やっただけの成果は必ず出る。仮に、結果として期待したほどの成果が得られなかったとしても、けっしてそれはむだにはならない。しっかりと反省していけば、その後の練習や大会に向けての手堅い手がかりや方途が見えてこよう。

5．大会に向けての監督・コーチの役割

大会前日までの指導陣の役割は実際にいろいろある。集約すれば、〈選手を育てる〉ことである。

その主だった事項を確認しておこう。

①技術面の指導や助言を行う。

②部員や選手に対する動機づけ（やる気を起こさせる）。

③精神面や悩みごとについての助言や支援を行う。

④チームワークをはかる。

⑤大会に向けて作戦を練る。

経験豊かな指導者ならば誰もが熟知していることであろうが、指導を点検する際にこれらを活用していただけたらと思う。これから指導者になる予定の人は、現役時代に得た知識にのみ頼ることなく、ここに掲げた項目を基本的事項・枠組として活用していただきたい。そのうえで、それぞれの役割を具体的レベルできちんと果たせるように心がけていただければと思う。なお、第三章は指導者になろうとしている人にとっては必見である。

第三節　大会当日に配慮すべき事柄

大会で好成績をあげ、望むべくは頂点に立つための事前の準備が整ったら、あとは実際に大会でベストを尽くすのみである。しかし、その前にもう一つ、最後の詰めがある。それは、大会の当日、指導陣や選手が配慮ないしチェックすべき事柄である。以下に六項目を掲げて、順次確認していく。

1．大会会場の特徴を知る

大会会場はそれがどこであれ、日頃使い慣れている練習場（体育館・道場・校庭・グラウンド・コートなど）とまったく同じではない。一見して同じようであっても、よく注意してみるとけっこう異なっている。①競技場全体としての特徴・印象、②コートやグラウンド、リング、床などの状態、③照明、④風向き、⑤気温・室温などの点で、日頃の練習場とは何らか相違がある。

なかには、一見しただけではわかりにくいちがいもある。実際に競技場の床やコートの具合・特徴（滑り具合・硬さ・弾力性・危険性など）が、それである。床やコート上に立って歩いてみる、走ってみる、あるいはボールを打ってみることで、普段の練習場とは異なることに気がつくであろう。こうして、見た目と実際の状態との間に相違がある、ということも基礎知識の一つである。

このようなわけで、会場に到着し、ユニフォームに着替えて競技場に入ったら、選手はさまざまな事柄について、ホームグラウンドとの相違に気がつくことが望ましい。これは、競技開始直前の大事な準備作業の一環である。第一節でも述べたように、そうした競技会場の特徴や些細な相違・問題点が、実際の演技やプレーに陰に陽に影響し、結果として勝敗を左右しかねない。

したがって、対戦相手に先がけていち早く競技場の特徴を確認し把握したうえで、その状況に慣れること、つまりその状況に見合った動きやプレーを心がける。そして、必要に応じて作戦の変更・修正を行う。状況に即した柔軟な対応は、競技結果にプラスに作用するに相違ない。

2. 自分のコンディションを知る

(1) 普段と大会当日とではコンディションは異なる

体調や精神状態は、誰もが変わりやすいものである。大会前日や当日の朝は、多くの選手にとって普段以上に神経が過敏になり、緊張が高まりやすい。大会前夜には寝つきが悪くなり、睡眠が十分に取れないまま当日を迎えることもあろう。こうなると、当然ながら、体調にも影響が生じて、ベストコンディションとはいかなくなる。大事な大会の場合、とりわけそうであろう。自分の力量によほどの自信があり、精神的に人一倍タフであっても、多少の高ぶりは生じるであろう。

(2) チェックの時期と心得

そこで、大会当日の朝は、自己の体調の程を冷静に感じ取るようにする。いわゆる、早朝の〈ファーストチェック〉である。なお、通常、とくに意識しなくても体調の変化は自然に感じ取れるはずである。食事や排尿・排便時も、それなりのセルフチェックの機会である。これは〈セカンドチェック〉である。

大会当日の〈ファイナルチェック〉は、競技場に入ってからである。ユニフォームや胴衣に着替えて準備運動を行い、軽く体を動かしてみると、普段の調子と同じかどうかがわかる。実際に体を動かしてみてとくに普段と変わらなければ、一安心できる。その際、はっきりと、「これでよし！」と頭の中でつぶやくようにする（「内言化」という）と、メンタル面の戦闘準備がスムースに整う。

(3) 体調に変化が生じた場合の対応

大会当日、コンディションにとくに変化がなければ、あとは、日頃の実力を存分に発揮するようがんばるだけだ。ところが、何か変調を感じた場合、いつもと同じように対処しても、うまくいかないことがあろう。闘うからには、体調に応じたプレー・試合運び・技の使い方などを心がけ、ベストを尽くすようにする。

なお、人によっては、普段よりも調子がよいと感じる人もいるであろう。そうであれば、それこそ「本日のラッキーパーソン」であり、あとは思い切りベストを尽くすのみである。ただし、調子がよすぎて「勇み足」などのないよう、くれぐれも留意しよう。

また、競技が刻々と進んでいくなかで、身の動きや技の切れがよくなったり、あるいはその反対に悪くなったりすることもあろう。肉離れや腹痛、脚がつるなど、思わぬアクシデントが発生しないともかぎらない。マラソンや駅伝などの長距離レース、あるいはテニスなど長時間に及ぶ場合、とくにありうる。それだけに、そうした体調変化の兆しを見落とすことなく、早めにしっかりと把握し、その時々のコンディションに見合った気持ちのもち方や身のこなし・試合運びを心がけていく。

無理をしないことも、試合運びのうちである。〈試合経過中の心身のギアチェンジ〉とか〈随時のギアチェンジ〉である。これがスムースにできてはじめて真に一人前であり、また自己完結できる。

(4) 監督・コーチも一声かけてやる

前述のように、各選手が自己のコンディションを自分できちんと確認し、把握することは大切である。しかし、場合によっては、それができないこともある。未成年者の場合やはじめて大会に出場する場合がそうである。そのような場合、監督やコーチは、「コンディションはどうか？」と選手に一声かけてやり、必要に応じて手短にアドバイスを与えるようにする（詳しくは第三章第三節）。

3．対戦相手のクセ・意図を見抜く

(1) 監督やコーチによる情報収集

指導陣は、自チームの選手の出番でない時間帯に、予想される対戦選手・対戦チームの試合中の動きや技術面の特徴について把握できるチャンスがもてる。たとえ短い時間でもよいから、指導陣が手分けして、できるかぎり対戦相手についての情報収集を行うようにする。大会に向けてすでに収集しておいた情報は古くなり、大会当日にはほとんど役に立たないこともある。もっとも重要な情報は、大会当日に気がついた事柄・収集されたもの、つまり最新情報である。

最終の情報収集の場や機会は、自チームの選手の試合が実際に始まってからである。対戦中の両選手・両チームの動きや技の応酬を、しっかりと確認する。そして、わかったことを活用していく。自チームの選手に何か問題がある場合、あるいは対戦相手選手・チームの技について気をつけるべきことがある場合は、タイミングよく、手短に選手にアドバイスする。そのタイミングが大事であり、とにかく遅れないよう行うことが肝心だ。

(2) 選手本人による対戦中の対戦相手についての理解

試合に勝つためには、選手として、自分自身のコンディションを把握するだけでは十分ではない。対戦相手の調子、技の特徴、長所や短所などについて見落とすことなく気がついたほうが有利に決まっている。これを行う気持ちの余裕と冷静さが、勝利に導く最後の詰めとなる。これは常識であり、とりわけ格技種目や球技種目など対人競技種目においてあてはまる。

4. 審判員のクセを知る

多くの種目で審判員の下す判定には個人差がある。たとえば、野球におけるストライクゾーンの微妙な相違をはじめ、剣道や空手道、ボクシングなどでは有効な技かどうか判定の相違が生じる場合がある。審判員の間で判定が真二つに分かれることも少なくない。サッカーの場合、ボールがゴールに入ったかどうかの判定は、主審の立つ位置によってはとても難しい。

いまだにビデオ判定を導入していない種目では、判定上のミスが勝敗に致命的な影響をもたらすことがある。ある意味で、それはおそろしいことだ。そこで、実際に試合が始まったら、選手はもちろんのこと監督やコーチも、審判員の判定上のクセや傾向をいち早く見抜いて、それをうまく試合運びのなかで活用するなり、うっかり損をしたりしないよう心がけることも闘いの心得のうちである。これが賢い試合運びであり、不本意な敗北を喫しないためには大事なことだ。

5. 自分を最高に、相手を最悪の状態にもっていく

格技種目や球技種目など対面して勝負を競う種目においては、「自分を最高に、対戦相手を最悪状態にもっていく」という戦法上の基本原則が考えられる。誰が最初に考えついたか知らないが、古来、戦いにおける暗黙の基本心得ともなっている。この原則にそった試合運びとは、いかなるものであるのか、確認しておこう。

①競技場の不利益をもろに被らないよう、対戦相手が被るように試合運びをする。

②自分のコンディションを考慮し適切に試合運びをする。

③相手の得意技や強みにはまらないよう留意し、相手の弱点をついて積極的に攻める。
④勝てそうもないと思ったら、相手の虚を突いて思いきり攻めるなり、ルールの範囲内で奇襲戦法を採るなりして、勝機の突破口をつくっていく。
⑤審判員のクセを知って、自分は不利にならず、対戦相手が不利になるよう試合運びをする。
このような原則を、筆者は「マックス・ミニ原則」と呼んでいる。ルールの範囲内で、自分や自チームが最大限有利になるよう、一方、不利益は最小限にとどめるような試合運びをすることである。

6. 大会当日の監督・コーチの果たすべき役割

つね日頃、監督・コーチは、大会に向けて、じつにさまざまな事柄に気配りや目配りしつつ、選手たちへの指導・助言にあたる。そして、大会当日には、それ特有のやるべき事柄がいろいろとある。それを集約すれば、それは自チームの選手一人ひとりの実力を存分に発揮させるという役割である。

そのために、次のようなさまざまな事柄を行う。
①各選手のコンディションを的確に把握する。
②選手たちの精神的緊張を和らげる。
③競技の前に必要なことを伝達したり、指示・助言したりする。
④競技が始まってから大事な場面で、選手に必要なことを伝達・指示・助言する。
⑤選手の起用や交代においては人選を的確に行うとともに、交代の時期は早すぎたり遅れたりしな

いようタイミングよく行う。

⑥試合の流れを自チームに有利になるようにもっていく。

⑦審判に対する異議申し立てを的確に行う。

⑧試合が終わってから、選手たちに一言ねぎらいの言葉をかけ、試合の反省・総評を行う。

以上、①〜⑦は、選手のもてる力を存分に発揮させ、試合に勝つための対応である。⑧には、ひとつの締めくくりと、その後につなげる橋渡しの意味合いがある（第三章第三節参照）。

第三章
監督・コーチの役割

本章においては、監督・コーチの日々の指導のあり方と試合で勝つための役割についてより詳しく述べる。いわば、指導者ための基本的事項である。

第一節　指導の方法原則

1．指導の方法原則の必要性

物事には、わかっているつもりでも、実はきちんとはわかっていないことが、けっこうある。教育やスポーツ、お稽古事などの指導法ないし指導のあり方も、その一つであろう。スポーツの分野においては、いまだに体罰や縁かつぎ・神頼み、あるいは指導者のパワーハラスメント問題など、本来あってはならない非科学的・非人道的な指導や対処姿勢がなくならない。教育心理学や教育方法学の科学的視点を基本に据えつつ、学生時代に選手としての経験を有し、現役引退後は、長年にわたり空手道の稽古を続け、指導を担ってきた者として、また日本体育協会主催の講習会の講師経験者として、私が考えるスポーツ指導の基礎・基本を明らかにしてみようと思う。

学校や塾での教科の指導であれ、部活動の指導であれ、また社会教育や町道場での指導であれ、さらにはトップレベルの選手を対象としたナショナルチームの指導であれ、指導というからには、そこには〈指導目標〉〈指導内容〉〈指導方法〉〈指導の場・機会〉〈指導時間数〉〈成果のチェック〉という一連の要件が含まれる。また、指導という人間社会に特有な営みには、共通する原則つまり「指導の基本原則」ないし「指導の方法原則」と呼ぶべきものがある。

スポーツにおいて実りある指導を行うためには、まずは指導のプランニング段階で、先に示した六つの指導要件をきちんと確定し、それをガイドラインにして、状況に応じて弾力的に指導を推し進めていくことである。そのためにはまず、指導の基本原則（方法原則）について、きちんと知っておくことが必要かつ有効である。それには、七つの原則が考えられる。

2. 指導の基本原則

(1) 発達の程度に応じた指導

指導における第一の原則として、〈発達の程度に応じた指導〉があげられる。私たち人間は、乳児期・幼児期・児童期・青年期・成人期・老年期といくつもの段階を経て成長・発達し、変化していく。しかも、それらの各段階には、心身の両面においてそれ特有の発達的特徴がある。したがって、指導は一律に行うのではなく、それぞれの発達段階に見合った指導を行うことが要請される。

スポーツ指導においては一律に行うのではなく、練習者の年齢・発達段階・習熟度などに応じたものであることが要求される。こうして、精神的にも身体的にも不合理や無理のないよう留意する。

(2) 上達可能性を信じての指導

「発達」をキーワードにして、もう一つの指導原則が考えられる。それは、〈発達可能性を信じての指導〉である。スポーツにおいては、それを〈上達可能性を信じての指導〉と言い換えて使用することにしよう。この原則は、第一の原則とともに、すべての指導対象者に等しくあてはまる。高齢者の場合はもとより、人よりも運動神経がはっきりと不足している場合、あるいは何らかの心身の障碍を有するスポーツ愛好者やアスリートにおいても、むろん等しくあてはまる。そうした人びとの進歩・向上の可能性を信じて指導にあたるべきであるという基本原則である。本人が抱えている問題の改善や、成長・発達、進歩・向上などの可能性がたとえ一パーセントであり、九九パーセント不可能だとされても、その一パーセントの可能性に賭けるべきだというのが、この方法原則の趣旨である。

指導対象の能力の限界を問題にするのは最後にすべきことであり、指導者は、まずは指導対象の心身の諸特徴をはじめ、スポーツ歴や本人をとりまく環境条件などを広く検討し確認するとともに、これまでの自己の指導のあり方を振り返ってセルフチェックを行い、何か改めるべき点があれば、それを速やかに改めていくようにする。

(3) 独自性を大切にした指導

私たち人間には、精神的にも肉体的にもさまざまな点で個人差がある。同じ年齢・学年であっても、個人差や性差がはっきりと認められる。この世に二人と同じ人間はいない。一卵性双生児であっても、成長・発達していくにつれて徐々に相違が出てくる。また、役割についてはほかの人に代わってもらえても、個々人の存在自体は代わってもらうことは不可能である。

人間存在のこのような基本的特質から、〈独自性を大切にした指導〉という指導原則が導かれる。指導対象者一人ひとりをかけがえのない存在として大切にするとともに、各人の能力や技術水準、スポーツ歴、性格・行動傾向、さらには境遇などの特質に応じて指導にあたる。わかりやすくいえば、個人差に応じて指導するとか、個人差を考慮して指導にあたるということである。

この第三の原則は、指導対象者一人ひとりの存在と人格の尊重という点からも、また指導効果を十分にあげるためにも必要である。これは、人間性と合理性の両面を考慮した方法原則である。もちろん、この第三の原則も時代の要請に即応し得る。

なお、マンツーマンの指導つまり個別指導の際には、この指導原則が最大限に発揮できるはずである。言い換えれば、個別指導の場面は、指導の力量がはっきりと現れる場面でもある。

(4) 主体性を大切にした指導

学校教育や塾での指導、それにスポーツ指導においては、いわゆる詰め込み主義や、指導熱心なあまり、一方的ないしは思い込みによる指示・禁止・叱責など指導上の問題が散見される。その反対に、主体性を重んずるということでまかせっぱなし、やらせっぱなしになってしまい、必要な指導や助言の手抜きや手抜かりがあったのでは、よくない。私たち人間は、本来、自由意志（free will）を有する価値志向的な存在である。人から指示されたり、指導を受けたりするだけではなく、自分から自発的に行動し得る存在である。興味をもてば、自分から物事に取り組むであろう。

そこで、ここに、〈主体性を大切にした指導〉という方法原則が掲げられる。つまり、指導対象一人ひとりの考え・意図・好み・興味・関心・価値観などを尊重して指導にあたる、という基本原則である。学校教育をはじめ、さまざまな指導において、動機づけが重視されるのも、本来、一人ひとりの主体的・意欲的な取り組みを重視するからにほかならない。

①考えさせる時間をとる

スポーツ指導において、この〈主体性を大切にした指導〉という原則を、実際どのように活用したらよいであろうか。

まずは、実際の練習中に短くてもよいので考えさせる時間をとってみるようにする。たとえ二、三分間でも、その繰り返しが大事である。とりわけ中学生にもなればそれが必要になってくる。同じく打つ・振る・投げる・受ける・突く・蹴る・パスするなどにしても、「なぜそのように行う（プレーする）のがよいだろうか?」とたずねて、考えさせる。また、教える前に、「どのように行えば（プレーすれば）よいだろうか?」とたずねて、少し考える時間をとってみる。中級者以上に対しては、とくにそうである。

そのように、動作や技について考える機会をもつことができれば、動作や技術に対する理論的関心を高め、確かな根拠をもって練習に取り組むようになる。また、技術向上の条件の一つである〈創意工夫をはかる〉際にも、理論的根拠に基づいて考えることが可能となる。こうなれば、いたずらに悪いクセがついたり、不合理な動作を無自覚のまま行ったりすることは次第に減り、より確実に上達する。いずれは、自分でも納得のいく演技やプレーができてくる。やがて、指導者になった際にその経験は役立つ。

②練習の一部は部員・選手にまかせるようにする

スポーツ指導において、指導者のイニシアチブないしリーダーシップがとても大事であることはいうまでもない。とりわけ初心者の指導は、そうである。練習者にまかせてばかりではいけない。

しかし、いろいろと覚え、上達するにつれて、多少は彼らにまかせる部分があってもかまわない。むしろ、そうしたほうが望ましい。たとえば、準備運動・整理体操・ストレッチ、基本動作の練習（ラケットやバッティングの素振り、その場突きやその場蹴り、受け身技などの練習）などは、キャプテンや選手クラスの部員に号令をかけさせたり、あるいは各人のペースで一定時間させたりする。

さらには、①練習計画の原案を考えさせる、②自主トレーニングの日を週に一日設けてみる、③日々の練習において、一定時間、各自の好み・計画で練習をさせる、④一から十まですべてを教えるのではなく、各自で考えてみるよう宿題を課す。今どき、「考える空手」「考える野球」「考えるサッカー」「考えるテニス」「考える～」などでいくところであろう。

このように、部員・選手にまかせられることはある程度まかせ、考える時間を与え、部員・選手の主体性を大切にする。これは練習に対する自主性・主体性をさらに伸ばすことにもなる。

教えすぎ・指導熱心の行き過ぎは、指導者の自己満足にすぎない場合がある。選手育成にあたり、この主体性を伸ばすという視点が欠けたのでは、それこそ自主性・主体性を欠いたイエス・マンを輩出するだけに終わるかもしれない。なお、今どき、ＡＩ（人工頭脳）も自ら考えるまでになり、自らの学習経験をふまえて、よりよい方略を創出できるようになった。私たち人間は機械・ＡＩにも負け

ないようしっかりと考える習慣を身につけ、思考力を磨いていく必要がある。

「過ぎたるはなお及ばざるがごとし」と『論語』にいうように、指導も行き過ぎてしまえば、長い目で見た場合、けっして好ましいことではない。本来、スポーツは、「自分の、自分自身による、自分のための活動」なのである。指導者は、それへの手堅い導き役を果たすことになる。ただ単に勝利至上主義におちいらないために、こうしたことも指導者としての基本的心得のうちである。

(5) 的確な理解に基づいた指導

「独自性を大切にした指導」「主体性を大切にした指導」について前述したが、それには、指導対象一人ひとりの技術面・身体面・精神面における長所と短所の両面を的確に把握する。また、理解した事柄を本人に伝えるにあたって、一面だけではなく長所と短所の両面を伝えるようにする。

人が人を理解することにおいては、これでよいというかぎりはない。常に、〈より広く、より深く、より正確に〉を求めていくよう心がける。こうして、ここに、〈的確な理解に基づいた指導〉という指導の原則が掲げられる。その具体的な方略は次のようである。

部員一人ひとりの長所を伸ばし、優秀な選手を育成していくためには、まずは、日々の練習の様子をよく見ることである。そして、これまでの大会での成績や演技・プレーの中身を思い起こしてみる。こうすれば、長所や短所がかなり掌握できるであろう。

日々の理解における一環として、部員・選手一人ひとりのコンディションや健康状態の異変への気づきが大切である。むろん、安全管理・健康管理の観点からの理解である。健康の異変については、つい見逃してしまいがちなので、くれぐれも注意を要する。指導者一人で異変に気づくにはかぎりがあり、本人に申し出させるようにするのがよい。夏場の熱射病はとくにそうである。なお、これまでに、発見の遅れや不適切な指導・対応のために、尊い命を落としたケースは少なくない。

人間理解というものは観察だけではかぎりがある。そこで、①ミーティングの場で話し合いをさせてみる、②個別にたずねてみる、③レポートを書かせる、④チェックスケールや敗因診断票を利用する（巻末の付録2、3を参照）など、さまざまな理解の方途が有効活用できる。したがって、理解のねらいや理解すべき事柄に応じて適切な方途・方法を選んで実施することになる。

また、日常生活や学校生活の様子についても、可能な範囲で把握する。そうすれば、もしかしたら技術向上の妨害要因つまりは改善すべき事柄が見つかるかもしれない。たとえば、部員同士が意外と仲が悪い、いじめがある、不摂生な生活態度である、何か悩み事があるなどである。これらは部員・

選手個々人にとっても、また部やチーム全体としても好ましいことではなく、できるだけ速やかに改善をはかることが望ましい。

そのようなわけで、たんに外部的な観察だけではなく、個別に会って話してみるとか、書かせてみるなどが必要となる。とくに悩み事などは、よほどのことでもなければ、外面からだけでは気がつきにくい。事が大きくならないうちにできるだけ早期に発見し、対処したいものである。

(6) 状況に応じた指導

ふだんの練習と合宿とでは、実際の練習の中身は当然異なってくる。まず、一日あたりの練習時間が異なる。また、同じく合宿とはいえ、試合シーズン直前の春季合宿と、試合シーズンに入ってからの夏期合宿あるいは大会前の強化合宿とでは異なる。それぞれに特化した練習メニューを用意することになる。しかも、合宿練習が国内大会のためか、あるいは国際大会やオリンピック・パラリンピック大会のためかでは、当然異なる。また、いつもの仲間同士で行う強化合宿とナショナルチームの強化合宿とでは、それなりに練習メニューに相違が出てこよう。

さらには、普段の練習とはいえ、条件や状況が変われば、それに応じて練習の中身も変えていく必要がある。たとえばスランプに陥っているとき、伸び悩んでいるとき、けがや病みあがりなどの場合、それぞれにふさわしい〈特注練習メニュー〉〈個人メニュー〉の用意があってしかるべきである。

このように、練習の際にそれぞれの事情・状況や目的などに応じて、練習内容や練習品目のそれぞれにかけるウエイトを変えていくという柔軟性・弾力性を忘れないことである。

⑺　望ましい人間関係を基盤とした指導

人間関係が大切であることは、昔も今も変わらない。むろん今後もそうである。しかし、互いにうまくやっていけないばかりか、対立や険悪な関係が世には絶えない。また、学校教育やスポーツ分野にもいじめ問題をはじめ、問題の教師や指導者がこれまでにも少なからずいた。法に触れないまでも、いわゆるグレーゾーンに入るケースは少なからずある。

そこで、ここに〈望ましい人間関係を基盤とした指導〉という原則が要請される。教育活動においては、教師と児童（生徒）関係をはじめ、児童（生徒）相互間、親子間、教師相互間、教師と保護者間、それに保護者同士のいずれの間柄においても、望ましいかかわり方が大事である。望ましい人間関係は、教育活動のいわば基盤となるからである。

以上述べたことは、スポーツの指導にもそのままあてはまる。指導者と指導を受ける側との間の望ましい関係は、スポーツ活動の成立基盤であるばかりか、技術向上にとっても欠くことのできない条件である。また、部員同士や道場生同士の関係も、むろん大切である。

さて、「望ましい人間関係」とは、いかなるかかわり方のことをさすのであろうか。これについては、スラスラと頭に浮かぶ人は案外少ない。これには、①相互理解、②相互尊重、③相互信頼、④相互支援、⑤協力、⑥切磋琢磨、⑦公正な競争の七つを指摘することができる。

⑤を除いては、その意味はわかりやすいであろう。しかし、⑤は、筆者の説では通常の意味とは異なる意味で使用しているので、ここにその意味を解説しておく。

「協力」とは、各自が自己の所属する組織（学校・クラス・部活動の組織・同好会・職場等）や集団の一員として、自己の義務・役割・職責などをきちんと果たすことをさす。各人がそうすることによって、組織や集団の共通目標がハイレベルで実現・達成できるようになる。これは、すなわちみなで力を合わせたこと、つまり協力したことにほかならない。

なお、従来、「協力」といえば、それはとくに義務をともなわない行為つまり「支援」ないし「援助」の意味である。そのような支援ないし援助と区別して、筆者は別途「協力」を設けた次第である〈なお、望ましい人間関係の指導の詳細については、巻末の文献⑽を参照されたい〉。

教師と児童生徒との間や、指導者と被指導者との間、親子間など対等・同等ではない間柄においては、最初の三つの条件〈相互理解・相互尊重・相互信頼〉が基本となる。それに対して、大人同士や友人同士など対等・同等な関係においては、基本的には七つすべてを充足することが望まれる。

スポーツにおいては、指導を受ける側が初級者クラスや中級者クラスの場合は、最初の三つの条件が基本となる。しかし、上級者、それも県代表選手やナショナルチームの選手のレベルともなれば、状況によってはさらに〈相互支援〉〈協力〉〈切磋琢磨〉〈公正な競争〉が、実質的に新たにつけ加わることもあり得よう。

第二節　選手にやる気をもたせるには

1．やる気の根源は

(1)　まずは本人のやる気が大切

ものごとは何であれ、素質や能力もさることながら、まずは本人のやる気・意欲が大切である。人よりも優れるようになるためにはとくにそうである。もちろんスポーツにおいても、やる気・意欲はとても大事である。体格や素質などほかの条件が同じならば、やる気・根性のあるほうが人よりも上達・向上が早く、より高いレベルまで達する。

(2)　ただ怒鳴ったり、体罰によったりするのではダメ

さて、部員や選手にしっかりとやる気をもたせるには、どうしたらよいだろうか。今日、指導者の体罰やパワハラ問題が社会的な注目を集めているだけに、選手に対する接し方や動機づけのノウハウは古くて新しい問題となっている。スポーツ指導者なら誰でも、このことに頭と気を遣い、真剣に考えているはずである。しかし正直なところ、実際には必ずしもうまくいっているとはかぎらない。

たしかに、技術面の指導が上手で、部員・選手の気持ちをきちんと掌握し、しかもほめ上手・叱り上手で、人々のお手本となる指導者も数多くいるだろう。しかし、ただ大声で怒鳴るとか、体罰を行っている光景も、今なお少なからず見られる。体罰が過ぎて新聞沙汰になった事例もある。体罰に走ってしまうのには事情があるだろうが、それではけっしてよい指導・上手な動機づけとはいえない。

確かに罰にはある程度の効果が期待できる。しかしそれは、一過性の効果であり、指導者のいない場合も一生懸命にやるかどうか疑問である。また、叱られないと真剣にやらないことを覚えてしまうことにもなりかねない。部員・選手一人ひとりが自らの意志で意欲的に練習に取り組む主体性こそが大切である。なお、指導者のいない場面での練習光景を見れば、日頃の指導のあり方がうかがい知れる。

(3) 動機づけには三つの方略がある

スポーツ指導も含めて、ものごとにおいてやる気をもたせ、行動に駆り立てることを動機づけ（モチベーション）という。今日、アスリートの間でも、「モチベーション」という言葉がよく使われる。動機づけには、さまざまな方略や処方が考えられる。それらを整理すると、次の三つとなる。

①外発的動機づけ

指導者が部員・選手をほめる・認めてやる、叱るなど、賞・罰を使用した動機づけのことである。そのほかに、激励する、慰める、競争場面を設定するなども、外部からのはたらきかけということから、外発的動機づけの方略とみなすことができる。

②内発的動機づけ

部員・選手に目的意識をもたせる、課題意識をもたせる、問題意識・危機感をもたせる、プライドをもたせる、責任感をもたせる、反省心をもたせる、創意工夫の態度を身につけさせる、ライバル（競争相手・好敵手）をもたせる、親や祖父母など身近な人に感謝や恩返しの気持ちを抱かせるなどによる動機づけのことである。これらはいずれも、部員・選手個々人の意識内面にはたらきかける動機づけである。したがって、部員・選手個々人が、その意義や必要性を認識して、自分自身の課題として受けとめ、そのようにいわれたとおりに取り組むことが不可欠である。外発的動機づけに対して、内発的動機づけと称する所以である。

なお従来、心理学では、「興味をもつ」とか、「体を動かしたい」「人に認められたい」などの欲求によって何かを始めたり、努力したりすることを「内発的動機づけ」と呼んでいる。しかし、それは他者からのはたらきかけ・指示・説得・強制などではなく、本人自身の欲求によって行動を開始するため、筆者は、それを「自己動機づけ」と称することにしてきた。しかも、次に示すように、自己動機づけには、さまざまな方途・方略がある。

③自己動機づけ

先の二つの動機づけは、監督やコーチなど他者が部員・選手に対して何らかのはたらきかけを行うことによる。その意味では、外部からのはたらきかけに拠っているため、いずれも広義には外発的な動機づけである。私たち人間においては、それに加えて、本人自らが行う動機づけが認められる。これには、次のようなものが考えられる。

①自分から興味をもってやってみたいと思うこと
②試合で優勝したいとか、入賞したいと思うこと、あるいは将来オリンピックに出場して金メダルを獲りたいと夢や希望をもつこと
③技術面で自ら課題意識や目的意識をしっかりともつこと
④練習態度や技術向上に関して自ら危機意識をもつこと

⑤創意工夫を心がけること
⑥自己のさらなる上達・向上を信ずること
⑦練習や試合の後で振り返ってみること
⑧責任感をもって練習に出るようにすること
⑨ライバルをもつようにすること

以上のようなことは、ほかの動物には見られない、私たち人間に特有な動機づけである。①〜⑨のように本人自身が意識し、自覚すれば、練習に一生懸命に取り組むようになるのは明白である。心ある部員・選手、優秀な部員・選手はいずれも、幼少の頃より、この自己動機づけをきちんと行っている。五、六歳の子どもが、あるいは小学校卒業時に、「大人になったら、オリンピックに出たい」とか「やがてオリンピックに出て、金メダルを取りたい」と話すことはよくある。自己の内にわいてきた「希望に満ちた夢・希望」を言葉にして公言することに偽りはなく、やがて、長年もち続けてきた夢・希望を見事に実現させる。実際にそれを実現させた選手は何人もいる。

なお、心理学においては、「自己動機づけ」の用語は古くから存在していたが、専門書や啓発書にほとんど登場してこなかった。筆者は、半世紀以上も前から自己動機づけを重視してきた。それは筆者自身がスポーツにもどっぷりとかかわってきたからである。いうなれば「体験者は語る」である。

一流になる人間ほど、自己動機づけの大切さを心得ており、その有効性を実感している。しかも、先述のように、優秀な人は幼少の頃より誰に教わるともなく、自己動機づけを行っている。「好きこそものの上手なれ」である。また、遊びや勉強、スポーツの練習において自分自身で創意工夫をはかりつつ、失敗にもめげずに自己を鼓舞しながら取り組み、がんばる。実力は自分でつけ、動機づけもまた自分で行うというわけだ。自ら創意工夫を凝らしつつ、自己動機づけを行うからこそ、一流への道も開けてくる。こうして、自己動機づけはとても大切なものなのである。

以上、「動機づけ」といっても、さまざまなやり方や方略がある。指導者や選手各人において、時・場所・状況（ＴＰＯ）により、これらを上手に使い分けたり、組み合わせたりして使いこなせるようになれば、とてもすばらしいことである。以下に、詳しくみていこう。

2. 目的意識をもたせる

(1) 各自に目標をもたせる

自分から好きで入部し、夢にまで見たあこがれの運動部とはいえ、きつい練習にも慣れてくると、いわゆる中だるみが出てくる。これはどの種目でも大なり小なり見られよう。とくにサボったりすることもなく真面目に練習に出ていても、いまひとつ意欲・やる気の盛りあがりに欠けることがある。

このようなときは、目標をもって練習に向かえば、マンネリ化や意欲の低下に歯止めがかかり、再び前向きに意欲的に練習に取り組めるようになる。そこで、指導者としては、各部員や選手に自己の目標をきちんともって日々の練習にはげむよう指示するなり、目標を提示するなりしてみる。

目標には、さまざまなレベルがある。第一章でも述べたように、「日内目標」をはじめ、「週間目標」「月間目標」「期間目標」「年間目標」「二か年計画目標」「四か年計画目標」などである。これらの目標を設定したほうが、日々の練習にはりが出て、それだけ中身の濃い練習・稽古になる。つまり目標は、練習や稽古のナビゲータとなってくれる。そうすれば、理にかなった練習をするかぎり、それなりの成果が必ず得られる。

⑵ チームの目標は話し合いで

ものごとの決定に際しては、上からの指示・指令を出すというトップダウン方式が一般的であるが、事柄によっては全員参加によってさまざまな意見を出し合い、組織や集団の共通目標を設定するというボトムアップ方式のほうがよい場合も多い。それはスポーツにおいても同じで、部やチーム全体の共通目標については、監督・コーチ、部員・メンバー全員で話し合って決めたほうが、部員・メンバー各自の目的意識と自覚はより確かなものになる。何事においても、意思決定や企画段階にも加わった場合のほうが、意欲や責任感がもてるようになる。

目標設定が上からの一方的な押しつけであったのでは、部員は「自分たちの目標である」という確固たる自覚がもちにくい。とりわけ、年間目標（「県代表になる」「全国大会に出場する」など）の設定に関しては、そうである。このようなチーム目標は、ミーティングを開いてみなで話し合って決め、それをみなで共有することが望ましい。そうすれば、部員が一丸となって目標の実現をめざして、各人が日々の練習に真剣に打ち込むようになる。そして、そうした日々の積み重ねが、着実に技術向上をもたらし、目標が単なる夢ではなく現実味を帯びてくる。夢・希望・目標が仲間の間で共有されれば、少々無理と思われても、その実現もまた不可能ではないはずだ。

⑶ 個々人の目標を披露するのは有効である

部員・選手個々人の目標設定については、次のようにいくつか考えられる。

年間目標ならば抱負として、ミーティングや新歓コンパ、新年の初顔合わせのときなどに、各人に一言ずつ言わせてみる。あるいは、紙に書いて提出させる。

そのようにすれば、各人が自分の意思表示に責任をもって努力しがんばらざるを得なくなる。まさに、「有言実行の法則」と呼ぶべきものである。無言実行は美徳であっても、集団の志気を高めるのには今ひとつである。

なお、日内目標や週間目標については、部員・メンバー各人の胸に納めさせておけばよいであろう。また、部員個々人の月間目標や期間目標については、紙に書いて提出させるか、各人の胸に納めさせておくかは、部・チームの状況・特質によって異なり、そこは状況判断である。

(4) 二種類の目標――方向目標と到達目標

目標設定とはいえ、それが方向目標なのか、それとも到達目標なのかで、表現内容は異なる。方向目標とは、「これまでよりも、もっと～をきちんとできるようにしよう」とか「今よりも、もっと～になりたい」など、求めるべき方向を示したものであり、具体的な数値目標ないし達成状況を言い表したものではない。一方、到達目標とは、特定の具体的な目標のことである。たとえば、「ストライクの率を、これまでよりも五パーセントアップさせる」など、いわゆる数値で示す目標である。あるいは、「打つときに脇が開かないようにする」とか、「ただ腕だけで打とうとしたり、突こうとしたりするのではなく、腰をしっかりと切って全身の筋力を使うようにする」など具体的な行為・やり方に関するものである。

目標設定にあたっては、単に方向目標だけではなく到達目標を設定したほうが、より確実に技術向上をはかることができて望ましい。その積み重ねは、やがて相当なものになるであろう。

しかも、到達目標のほうが概して練習意欲も高まりやすい。方向目標のみであれば、ともすると練習の焦点がぼやけやすく、それだけに動機づけ機能も低くなる。同じく応援・声援を送るのにも、「がんばれ!」や「がんばって!」よりも、「けっして、あきらめるな!」「最後まであきらめるな!」のほうが厳しいが、それでよい。前者は方向目標の発想による言葉かけ・声援であり、一方、後者は到達目標の発想による声援だからだ。前者の場合は、「がんばったが、これ以上は無理だった」と後で弁解できるが、後者の場合は、弁解は許されない。途中であきらめたとしたら、それで終わりだ。マラソンや駅伝競走ならば、たとえつらくても歯を食いしばって、あらんかぎりの力を出し切ってゴールまでたどり着かなければならない。そのような自己の限界へのチャレンジ精神こそが実を結ぶ。

(5) 目標設定は無理せずほどほどに

具体的な目標つまり到達目標の設定には、いわゆる高望みにならないよう、かといって低すぎないよう留意すべきである。こうして、目標が具体的に設定され、しかも適切であれば、練習が少々きつくても安易に練習をさぼったり、退部したいと思ったりするようなことは、減る。

3. よきライバルをもたせる

(1) ライバル意識の威力は

競争場面が設定されると負けたくないと思い、つらくともがんばろうとする。基礎トレーニングや基本動作の練習などのように単純できつい練習のときには、互いに競争し合うことが、有効な取り組みにつながる。友情と競争心に基づく仲間同士の切磋琢磨は、その必要性と有効性が知られている。〈よきライバルをもたせる〉、あるいは選手自ら〈ライバルをもつ〉のも、むろん競争心をベースにした動機づけの方途である。スポーツ関係者ならずとも、よきライバルを自分で探し求めて、ものごとに一生懸命に取り組もうとするのは、古来、人類社会においては普遍的な〈やる気の特効薬〉となっている。

とりわけスポーツでは勝敗を競うだけに、多くの選手はライバルをもっていよう。アマ・プロを問わず、一流選手の多くはよきライバルを求め、また互いにライバル意識をもって厳しい練習や試練に耐え、さらに進んで自主練習も行っている。

(2) ライバルもいろいろ

さて、一口にライバルとはいっても、その求める範囲・対象はさまざまである。①自分の部やチーム内の仲間（同級生、上級生・先輩、OB、ときには実力のある後輩）、②他校や他チームの選手、③中学や高校、大学時代の同級生、④外国の選手、⑤過去の優秀な選手、⑥仮想の敵（トップに立つ選手の場合）、⑦同胞（きょうだいが同じ種目に取り組んでいる場合）、⑧自分自身など、相手は多種多様である。

部員・選手の実力のレベルに応じて、高望みせずに適切なライバルをもたせることになろう。そうすれば、追い越されまいとして本人は一生懸命になるし、また、確実に追いつこう、追い越そう、突き放そうとしてがんばれる。実力のかけ離れた者をライバルに設定したのでは、あまりにも「高いハードル」となってしまう。実力の似通った相手を選ぶのが、世間相場であろう。いわゆる「背伸びすれば届く範囲」、あるいは「ジャンプすればタッチできる範囲」に設定するのが、よい。

「競争相手が自分自身である」といわれても、一瞬ピンとこないかもしれない。たとえば、手短に、「今日の自分は昨日の自分よりも上手くなろう、強くなろう」と思い、「明日の自分は今日の自分よりもうまくなろう、強くなろう」と思ってみる。こうして、自分との競争を意識するのである。また、トップレベルの選手においては、単にほかの選手との競争だけではなく、自分との闘いや自己のさらなる上達可能性へのチャレンジこそが上達の秘訣でもある。

さて、自分よりもぐっとレベルの高い相手は、競争相手というよりはむしろ目標ないしあこがれの対象である。それはそれで夢があって、けっこうである。とくに子ども時代には、「自分も、○○選手のようになりたい！」という大きな夢をもって日々練習にはげむことは、とてもよいことである。「少年・少女よ、大志を抱け！」（Boys and girls, be ambitious!）である。

(3) ライバルはチームとしても必要

ライバルをもつことは、個人レベルのみならず、チームや部・クラブなど集団レベルでも必要かつ有効である。ライバルチームがあれば、日々の練習にも一段と気合いが入るというものだ。その熱気・雰囲気は、見ている人にもきっと伝わってくる。

よきライバルをもつということは、広い意味では目標をもつことであるが、とにかく「競争の原理」がはたらくところには、それなりのよい結果が期待できる。よきライバルがいれば、「やる気、倍増！　上達、確実！」であることはまちがいない。もし、チームにとってのライバルがいなければば、早急にライバルをもちたいものであり、また指導者としてもぜひともよきライバルをもたせたいものである。

4．問題意識・危機感をもたせる

(1) 問題意識・危機感は人を動かす

たとえば、「このままでは、いけない」とか、「このような練習を続けていたのでは、上達しないのでは?……」などと疑念をもち、不安を抱けば、「なんとかしなくてはならない」と思ったり、「もっと一生懸命に練習しなくてはならない」と思ったりするであろう。

とにかく問題意識や危機感をもてば、好ましくない状態を回避しようとして、通常、人は動くようになるものだ。つまり、問題意識や危機感は、人をして問題解決に向かわせる駆動力となる。〈問題意識・危機感→危機回避の意図・決意（やる気）→有効な方法・方略についての模索→実行行動〉という一連の新たなよい流れが生ずる。

(2) 問題意識や危機感をもたせる方途は

もし、部員・選手の問題意識が不十分な場合、それを改めるためにまずは〈問題意識・危機感をもたせる〉という方策が必要となる。そのためには、これまでの練習態度や練習方法、試合の成績や試合への取り組み姿勢などについて、①ミーティングの場で話し合いをさせてみる、②一人ずつレポートを書かせてみる、③チェックリストによって部員・選手に自己チェックさせてみる（巻末付録1を参照）などのやり方が考えられよう。

みなで話し合えば、それこそ「三人寄れば文珠の知恵」で、反省点や今後の課題がより明確になってくる。このような準備作業を経て、各自に今後の課題・目標を考えさせてみると、心機一転、練習にもまた熱が入る。〈やる気の点検→新たな決意→練習態度・方法の改善〉である。しかも、このような点検作業は、年二〜三回行うなど、定期点検方式が望ましい。

話し合いの際には、指導者は必要に応じて助言するなり、示唆を与える、あるいは指導者から見た彼らの問題点や課題なりを伝えてみるなどが考えられよう。なお、助言や示唆は、話し合いの深まりが不十分なときに、それを補足すべく行う。そして、助言や示唆を行う際には、彼らが納得できるよう、わかりやすいことばにする。それには、具体例を交えるなりして説明する。そして、事柄によっては必要に応じて実際に動作をつけてやって見せると、よりわかりやすいであろう。

こうして一とおり説明や助言をしたら、質問がないかどうかたずねてみる。それは説明・助言内容に対する理解を深め、しっかりと肝に銘じるためである。このようにすれば、説明・助言した事柄が実行行為に結びつきやすくなる。

レポートを書かせる際には、ただ書かせっぱなしにしないで、一人ひとりのレポートに目を通し、なんらかのコメントをつけて返却する。とくに、中学生や高校生の場合はそうすることで反省が新たな決意を生み、やる気が心の中にしっかりと根づく。つまり〈フィードバック効果〉が期待できる。また、指導者と部員・選手の心のきずなをより確かなものにするという副産物も期待できる。

5．上手にほめ・上手に叱る─人類社会の普遍的課題

ものごとにおいて、上手にほめ、上手に叱ることができれば、さまざまな効果が生じる。スポーツに関していえば、部員・選手は技術が向上し、試合で勝てるようになる。一方、指導者のほうは、技術指導に磨きがかかるとともに、ほめ方・叱り方も上手になっていく。このように物事の結果や効果は一方向ではなく、相互依存で双方向のものである。

ところで、現実には、真に上手にほめ、上手に叱れる人は、それほど多くはいない。ほめてはみたが、さほど効果がなかったとか、厳しく叱ったら部員が退部した、あるいは、やる気にかげりが出たなどの逆効果が生じたりすることは、よくある。また、指導熱心なあまりかどうかはともかく、叱ることの逸脱行為としての体罰やパワハラがときどき話題になる。そのようなことに配慮して、ほめ方・叱り方のガイドラインをここに示しておく。

(1) ほめ方・叱り方の基本的心得

まずは、スポーツ指導におけるほめ方・叱り方の基本的心得からみてみよう。部員や選手の年齢・性別・個人差（技術水準や性格などの相違）などを考慮したうえで、ほめたり、叱ったりするようにする。

①とくに幼児・小学生・初心者・自信のない者に対しては、どちらかといえば、叱るよりも、ほめるほうを多くする。なお、叱る際には度がすぎた厳しい言い方にならないよう留意する。単に厳しく注意したり、叱ったりすればよいというものではない。

②有能な部員・選手に対してはほめすぎたり、いわゆるチヤホヤしたりしない。

③上達の遅い者に対しては、ガミガミと叱るとか、軽蔑的な言い方や嫌味のある言い方にならないよう留意する。

④全肯定の言い方は控える。たとえば、「君はとても模範的な生徒だ」とか、「お前は、とても真面目に練習しているし、上達も早い。みなのお手本だ。今後もこれまで同様にがんばるように」などのほめ方は好ましいとはいえない。このようなほめ方は、ともすればプレッシャーとなり、その後もその評価ないし期待に応えようとする、つまり過剰適応の態度を生じさせ、どこかで無理が生じる。あるいは、いわゆるいい気になってしまい、仲間に対して高慢な態度にならないともかぎらない。そこで、たとえば、「君は率先してやるべきことをきちんとやっている。また結果もよいものを出している。みなにもよい影響を与えてくれればいいね」などと、できるだけ具体的な行動レベルの言い方をする。

⑤全否定の言い方は控える。それは文字どおり相手の人格や能力のすべてを否定してしまい、好ましくない。「お前は、どうしようもないやつだ」「何をやってもだめなやつだ」などの言い方ではなく、「君（お前）は、何度言われてもなかなか態度が改まらない。もっと心を入れかえて、しっかりやるように！　わかったかな、いいね？」などと具体的に注意し、叱る。

⑥ほめたり、叱ったりする際は、公平さを欠くことのないようにする。特定の者だけをほめて、「当然、自分もほめられるはずだ」と思っている者をほめなければ、その者は「無視された」と思ったり、「監督に好かれていないのではないか」と疑念をもったりしかねない。

⑦特定の者を見せしめに厳しく叱るようなことはしない。それは、しこりを残さないためである。

また、周囲に居合わせた者には、「もしかしたら、自分もそのように叱られるのではないか」など懸念を抱かせることになりかねない。これでは、指導者と部員との間の信頼関係の形成や維持にとってけっしてプラスにならない。

⑧自分よりも年配者に対しては、常識的なマナーを守り、ていねいな言葉遣いや口調で言う。ななお、叱るというよりも、注意や助言を行うというやり方のほうが望ましい。

(2) 上手なほめ方とは

①うまくなった、大会で好成績を出したなど結果や出来栄えはもちろんのこと、プロセスないし練習態度についても見落とすことなく、きちんと認めてほめてやるようにする。たとえば、一生懸命に取り組んでいる、人一倍努力した、自発的によいことをした、創意工夫を心がけている、教えをきちんと守ってやっている、休まず真面目に練習に出ているなどについてである。

②ほめるときは、口先だけでなく、心からほめる。とくに上達の遅い者がそれなりに好プレーをしたときや、ようやく練習効果が出てきたとき、さらには、大会で好成績をあげたときには、指導者としてこれまで一生懸命に指導した甲斐があったことをうれしく思い、ともに喜びの気持ちを表しながら、ほめてやるようにする。このようなほめ方を、筆者は「共感的賞賛」と呼んでいる。ほめられた当人にしてみれば、ほめられたことのうれしさだけではなく、監督・コーチ・顧問の先生にも喜んでもらえたということで、より効果的である。つまり、人を喜ばせたことの満足感が、ほめられたことのうれしさに上乗せされて、うれしさが倍加するからだ。

(3) 上手な叱り方とは

①人前で叱るときには、相手のプライドや人格を傷つけるような言い方は避ける。たとえば、仲間の前では軽く注意し、あとで人目につかないところでしっかりと注意を与える。

②厳しい口調のうちにも冷静さを失わない。つまり感情に流されることのないよう留意する。

③下劣・下品な言葉遣いはしない。もし、そのような言い方をすれば、人間性や品性を疑われてしまうであろう。

④注意や叱責はなるべく手短に行う。つまり、同じことを何度も繰り返して言ったり、言い方を変えてくどくど・ねちねちと言ったり、本人の欠点・問題点をことごとく並べたてたりしないよう留意する。「シンプルは美しい」というが、注意・叱責も手短に行うほうがスマートで効果的である。

⑤叱るときの態度は真面目に、かつ威厳をもって行う。たとえば、笑みを浮かべた表情で叱ったり、注意を与えたりしたのでは、叱っている・注意していることの真剣な気持ちが、相手に伝わらないからだ。ただし、ことさら威張ったり、格好をつけたりする必要は毛頭ない。確信と威厳をもって行うことが大切である。

⑥気持ちにゆとりのないときや、いらいらした気分のときは、叱ることを控える。もし、そのようなときに叱ったりすると、つい冷静さを失い、感情に流されて相手のプライドを傷つける言い方をしたり、必要以上に叱りつけたりしかねない。「怒りは無謀に始まり、後悔に終わる」(ピタゴラスの言葉)というように、後味の悪い叱り方になっては、バツが悪い。

⑦個別に呼んで注意し、その際いきなり注意を与えたり問題点を指摘したりするのではなく、まず本人の長所を述べてから忠告すると効果的である。相手によっては、一つだけでなく、二つ、三つと長所を述べてから、注意や忠告を行う。プライドの強い者の場合、とくにそうである。

⑧ただ叱りっぱなしで終わるのではなく、その後のフォローを忘れない。注意したり、叱ったりした後に本人に改善が認められたら、その努力と成果を見落とすことなく、きちんと受けとめてやる。「努力・改善するのはあたりまえだ」と思うのは、けっして好ましいことではない。叱られた者は、自己の努力や改善が認められ、ほめられることを期待しているからだ。もし、すぎた叱り方をしてしまった場合、改善の努力を認めてほめてやることには、言いすぎを帳消しにするというプラスの副作用がともなう。相手の欲するところを満たしてやれば、必ずそれだけのものが返ってくる。「こわいけど、話のわかる監督さんだ」とか、「一見こわそうだが、本当は優しい先生なのだ」と思って、その恩や温かみに報いるべく、いっそうやる気を出すこともあり得よう。

以上、ほめたり、叱ったりする際の基本的心得をはじめ、上手なほめ方・叱り方についてさまざまな角度から見てきた。実際、上手にほめ、上手に叱ることは、意外に難しい。それこそ、スポーツの練習と同じく、ほめ方・叱り方のグレードアップのためにも反復・積み重ねが大切である。

6. やる気をもたせるその他の方途・事柄

ここまでに、やる気をもたせるためのさまざまな方途・方略についてみてきたが、それ以外にもさらにいくつか考えられる。そのことについてみてみよう。

(1)　技術面の指導に優れていること

技術面の指導に優れていることが、部員・選手たちのやる気を高める条件の一つとなる。監督・コーチの指導のおかげで実力がつき、試合で好成績を出すことができれば、感謝の気持ちから、部員・選手たちは、監督・コーチを敬愛するようになる。そればかりか、部員・選手たちは「自分たちもさらにがんばって、一ランク上をめざそう」と思うようになり、やる気が一段と確実なものになっていく。

(2)　親切で人間味があり、人間として幅があること

指導者が親切で人間味があり、しかも人間としての器量や幅があれば、部員・選手たちは監督・コーチを信じてついていくはずである。そして、練習にも一段と気合が入るであろう。指導者の人間性が彼らを引きつけ、内面からやる気を刺激することになる。

このことを具体的な行動レベルでいえば、次のようである。①むろん体罰や罵声などは発しない、②厳しい指導の中にも気持ちに余裕があり、言葉遊び・ユーモアも心得ている、③細かいことにも目配り・気配りを怠らない、④困ったときには親身になって相談に乗る、⑤ときに自分の若い頃のことを話して聞かせる、それも成功体験のみならず失敗談や苦労話も聞かせる、⑥折に触れ、新聞やテレビの報道内容に言及しては啓発をはかる、などである。

(3)　激励や慰めの言葉がけも心得ていること

称賛や注意・叱責だけでなく、激励や慰めの言葉がけも人の心を動かし、士気（集団としての意気込み・やる気のこと）を鼓舞する。

たとえば、入部間もなく、しかもスポーツ歴がそれほどではない部員に対して、「君はなかなか素質がありそうだから、一生懸命にやれば、きっと優秀な選手になれるかもしれないね」と、はげましの言葉をかける。あるいは、「とにかく、一生懸命に取り組んでいけば、それなりの成果が必ず出るはずだよ」などの言葉かけである。さらには、「君は自分の素質やプレーに自信がもてないようだが、人並み以上に素質があるのだから、もっと自信をもってやってごらん。これまでどおり、真剣に練習に取り組んでいけば、きっと、その努力の成果が出るはずだよ」などである。

慰めの言葉であるが、たとえば、「試合で失敗したからといって、そんなにがっかりすることはないよ。誰でも、最初はそうだよ。それはスポーツ選手の一度は通る通過門だよ。通過儀礼というのかね。じつは若いとき、私もそうだった。それがあったからこそ、その後がんばることができたし、今の私があるのだよ。だから、君の気持ちはよくわかるよ」などである。

(4) 大会に向けての言葉かけも

前項においてみてきた事柄は、日頃の練習場面でのはげましや慰めの言葉かけである。では、大会に向けての言葉かけはどうであろうか。

はげましの言葉がけを考えてみると、次のようなものがある。「今度の（明日の）試合では、ひとつ伸び伸びと思いっきりやる。結果は二の次だ。とにかく勝ち負けのことは考えなくてもよい。いいな、わかったかな」である。あるいは、「明日の試合では、これまで練習でやってきたことをきちんとやれば、それでいいのだ。結果のことを気にするな！　そうすれば、きっと勝てるはずだ。ただし、油断だけは絶対にするんじゃないよ！　わかっているね」などである。これらの例は、部全体としてのレベルがそれほど高くない場合や、新人戦の場合などに言ってみる言葉である。

次のような言い方も、立派な動機づけとなるであろう。すなわち、「今度こそは、対戦相手に思い知らせてやれ！　二度も立て続けに負けては悔しいだろう。私だって同じだよ。前回の雪辱を果たすのだ！　一つやってやろうではないか！」などである。これは、指導者と選手が一体となっての決意表明であり、大会に向けての〈やる気の総仕上げ〉の意味を込めての言葉である。

なお、そのような言葉は、高校や大学の運動部においては、主将やリーダー格の者から部員のみなに言ってもよい。それはそれで効果が期待できる。

(5)　生活に絡んだ言葉かけをしてみること

本人の生活に絡んだ言葉がけをしてみることも、有効な動機づけとなるであろう。たとえば、本人の敬愛する祖父母あるいは親が亡くなって、それほど日が経っていなくて、大会が近づいている場合の言葉がけである。

「大会が近づいてきたこの時期に、大好きだったおじいちゃんが亡くなられてたいへんだったね。ご家族も君も、とても気持ちが落ち込んだことだろうね。おじいちゃんも、大会で君が活躍するのをきっと楽しみにしておられたことだろう。本当に残念だったね。でも、大会があと二週間後に控えているので、ここで気持ちを切り替えてがんばらないとね。そうだよね……。わかっているね。今度の大会では、亡くなったおじいちゃんへの感謝の気持ちと恩返しのつもりで、ひとつ思いっきりやってみようね。そうすれば、草葉の陰でおじいちゃんも涙を流して、きっと喜んでくださるはずだよ。優勝すれば、それこそ最高だよね」などである。

このような言葉がけは、尊敬・敬愛する人との心のきずな、感謝の気持ち・恩に報いたい気持ちを大会に向けての決意と結びつけるという、〈複数の心情・動機によるミックスサンド型の動機づけ〉となるはずである。こうすれば、普段以上の結果が出ることもけっしてまれではないであろう。

以上のような言葉がけを、部員・選手の実情・状況に応じて行う。「人を見て法を説け」というが、動機づけも相手やその時々の状況に応じて行うことができれば、なかなかのものである。

第三節　大会前および大会当日の監督・コーチの役割

1．大会に向けての役割とは

指導陣が大会での勝敗のカギを握っていることは、今も昔も変わらない。ほかの条件が同じならば、勝敗のカギは監督・コーチが握っているといっても過言ではない。

すでに見てきたように、監督・コーチは大きく二つの役割を担っている。一つは大会に向けての役割であり、もう一つは大会当日の役割である。前者は、集約すれば個々の選手とチームを育てること、つまり選手育成である。

そのために、①技術面の指導・助言、②部員や選手にやる気をもたせる、③精神面や生活面の相談・助言、④チームワークをはかる、という四つの大切な仕事がある。それらに加えて、大会前のいわば締めくくりとして、⑤大会に向けて作戦を練る、という大事な仕事がある。

そのために、指導者としてやるべきこと・心がけるべきことがいろいろとある。次に、それをみていこう。

(1) 部員・選手理解

指導者として、先に掲げた五項目をきちんと果たすためには、まず、日頃の指導を通じて部員・選手一人ひとりについて理解を深めていくことが大切である。言い換えれば、部員一人ひとりの長所を伸ばし、優秀な選手として育てていくためには、日々の指導を通じて一人ひとりの心・技・体にわたり、長所・短所の両面を的確に把握していく。なお、部員・選手を理解する方途については、すでに本章第一節2の(5)で述べたので、そちらを参照されたい。

(2) 精神面や生活面の相談に乗る

監督・コーチ・顧問の教師など指導者は、部員・選手にとっては身近な大人であり、なにかと頼られる存在である。つまり、部員・選手にとっては、指導者は最初の相談相手となり得る。それだけに、あがりの問題、部内での対人的葛藤、いじめ問題をはじめ、プライベートなことなどについて、部員・選手や保護者から相談を受けることもあろう。

さて、指導者として何か相談を受けた場合、まずは親身になって話をよく聞くことである。相手の気持ちや悩み事の中身がわかったら、必要に応じて情報提供や助言、あるいは説得などを行うことになろう。つまり、理解・受けとめ→情報提供→助言あるいは説得の一連の流れである。

なお、こうした相談活動を専門的に行うのが心理カウンセリングである。専門的カウンセラーでなくても、その素養があり、実際に人から相談を受けた経験が少なからずあり、しかもカウンセリングの基本的知識を学んでいれば、スポーツ指導者としてとてもけっこうなことである。できればカウンセリングの入門書を一度読むことをお勧めしたい。スポーツ指導者としての力量に幅と深みをもたらすであろう。今どきの表現をもってすれば、文武二刀流である。

スポーツ選手や運動部員の心理相談やカウンセリングについては、スポーツのことをよく知っているカウンセラーのほうが適任である。それは、ちょうどスポーツ医学の専門家が必要であるのとよく似ている。

こうして、スポーツカウンセリングの実務においては、カウンセリングとスポーツの両方に通じていることが望ましい。筆者もそれをめざしてきた一人であり、心理療法やカウンセリングは筆者の専門領域の一つである。一人で複数の分野に専門的に通じていることを筆者は「個人内学際性」と呼んでいる。これは、私の造語である。

部員・選手のなかには、けっこう深刻に悩んでいる人がいるかもしれない。ときに、指導者として手にあまることもあろう。そのような場合は「そのうちになんとかなるだろう」などと楽観視しないで、速やかに心療内科、精神科医、心理カウンセラーなどに相談するよう助言するのがよい。

(3)　チームワークをはかるには

もし、チーム（部・クラブ）内の人間関係がうまくいかなければ、練習や試合にも何かと支障がでてくる。団体競技の場合は、とくにそうである。いじめや対立関係など何か問題がある場合、それこそチームの存亡の危機に直面しかねない。そうなったのではたいへんである。

チーム内の人間関係がとくに悪くもなく、またよくもなければ、まとまりのよいチームと対戦した場合、勝てるはずの試合をみすみす落としたりすることもあり得よう。その逆に、チーム内が一つにしっかりとまとまっていれば、連携プレーは見事に決まり、ここぞという大事な場面で選手たちはきちんと仕事をしてくれよう。試合が勝利に終わったその瞬間、監督・コーチと選手たちの笑顔がはかったように弾け、喜びの歓声が一つになって大きく響く。勝利に終わったときの喜びは、またひとしおである。

チーム内の人間関係はとても大切なものである。そこで、指導者は、日頃から部員・選手たちとよりよい関係をつくっていくよう心がける。そして、チーム内の部員・選手たちの人間関係についてきちんと把握し、トラブルや不協和音が生じないよう、目配り・気配りを怠らない。また、必要に応じて部員間の不仲・対立を調整したり、改善したりする役割を果たすことになる。

そのためにも、部員や選手たちが納得しない叱り方や疑問視される指導・選手起用などがあったのでは、よくない。また、指導陣の関係もうまくいくよう、互いに心がけることも忘れてはならない。

(4) 大会に向けての準備と作戦を練る

大会に向けての準備と作戦を練ることに関して、その具体的な事項は次のとおりである。

①選手起用、ポジションの決定、選手の交代などについて思案する。
②予想される対戦チーム・選手の戦力を分析し、それに基づき作戦を練る。
③予想される審判員の傾向・クセについて、できるかぎり把握しておく。
④大会開催地や競技場の特徴について、情報収集や下見などにより把握しておく。
⑤宿泊先から大会会場までの道順や交通機関を把握しておく。
⑥選手たちの精神的安定をはかるよう配慮する。

これらの事柄を、大会に先立ち手抜かりなくすませておき、①～⑤については時期をみて選手たちに伝えておくようにする。

なお、大会当日になって、あらかじめ決めたとおりにいかない事態が発生することもある。選手の起用・ポジション・交代、作戦などがそれである。しかし、あらかじめ準備しておけば、あわてたり、苦労したりすることなく、気持ちに余裕をもって代案の設定にも対処できよう。

さて、フィギュアスケートや体操競技、新体操、アーティスティックスイミングなどの場合、どのような演技内容にするかは、勝つための作戦として大事なことである。これは、できるだけ早い時期に決定して十分に練習を積み、大会当日には迷いなく体や手足がスムースに動くようにしておく。

大会が近づくにつれて、選手たちの気持ちは次第しだいに高ぶり、ピリピリしたり、不安定になったりしやすい。さらには、「もし負けたら、どうしようかしら」とか「もしかして失敗してしまうかもしれない」などと、勝敗に対する不安が突如として襲ってくることもあろう。

それだけに、前述の⑥は大会前のしかも直前の対策・配慮として、とても大事なことである。じつは、指導陣も大なり小なり同じ心境になることが少なくない。責任をより大きく感じる世界大会やオリンピック・パラリンピック大会の場合など、とくにそうといえる。指導陣が選手と一緒になって緊張したり、コチコチになったりしたのでは元も子もない。

2. 大会当日の監督・コーチの役割

大会当日の指導陣の役割は選手一人ひとり・チーム全体の実力をフルに発揮させることに尽きる。

さらに望むべくは、実力以上の力を発揮できるよう配慮したり、選手に助言したりすることである。そのために大会当日になすべきこととして、次のような事柄がある。

(1) 選手たちのコンディションを的確に把握する

前日までにそれこそベスト・コンディションであっても、当日になると調子を崩す選手もいる。身のこなし、表情、言動・態度などから、大方、コンディションのほどは察しがつく。しかし場合によっては、本人にじかに尋ねてみることも必要となる。外見からだけではわかりにくいこともある。

(2) 選手たちの心理的緊張を和らげる

適度の緊張ならば、一種の自己刺激剤にもなり、好成績をもたらしてくれるだろう。しかし、大会当日は普段と違って、早朝からどの選手も緊張のレベルは否が応でも高まっている。それだけに、会場に向かう途中や会場に到着してからも緊張した気分をときほぐすよう、雰囲気づくりや選手への接し方に気を配る。指導者自身、平静さを失うことなく、大船に乗ったつもりで大らかにゆったりとした気持ちで、安定感を維持していることが肝要だ。万一にも、選手と同じように固くなったりしたのでは、それこそ統率者として似つかわしくない。

指導陣が冷静にどっしりと構えていると、大船に乗ったように、それが選手たちにもプラスに作用するであろう。その反対に、指導者が冷静さを失い、緊張や不安な気持ちでいると、その雰囲気が選手たちにも移ってしまう。

このようなわけで、指導者は自分自身のメンタルコントロールも忘れることなく、きちんと心得ておくことが肝要である。己を律してこそ、選手たちを導き、律することが可能となる。

(3) 試合開始前に必要な事柄を伝達したり、適切な助言をしたりする

対戦相手の特徴や審判員のクセ・傾向などについて、確認の意味をこめて念押しに選手たちに伝えたり、助言したりすることもときには必要となる。なお、これを行うかどうかは状況判断による。

(4) 試合が始まったら適時助言する

プレーの仕方や試合運び、技の使い方、心のもち方などに関する事柄が主たる助言内容となる。ときには、審判員の傾向やクセ、あるいは対戦相手の技の特徴について伝える必要も出てこよう。

(5) 選手の起用と交代の判断を的確に行う

球技種目においては、試合中の選手交代は、勝敗を左右するとても大事な要因となる。誰と誰とを交代させるか、しかもどのタイミングでの交代がよいかがカギとなる。選手起用にミスがあってはいけないし、交代のタイミングが遅れても、逆に早くてもよくない。その時々の状況でもっともふさわしい選手を起用し、しかもタイムリーに選手交代を告げることだ。

そのためには、試合の流れ、自チームの選手の調子、チームワーク・連携プレーのほどをきちんと把握しつつ、しかも試合展開を的確に予測（予想）しながら、さらには控えの選手の表情・様子をよく掌握しつつ、試合経過を見つめていくことが大切である。こうして、監督は、試合中は見た目にはどっしりと構えていても、つねに複眼的視点をもちつつ、頭は柔軟かつきめ細やかにはたらかせていくことが肝要だ。つまり、〈柔らか頭・しなやか心〉で対処していくことだ。

以上のような監督・コーチの仕事はじつは高度な判断力と洞察力（ヨミの深さ）、それに一瞬にして的確な決断力を要するだけに、専門性の高い仕事なのである。「名選手必ずしも名監督・コーチに

あらず」という場合、多分にもその点の力量不足や経験不足などの問題が背景にはあるようだ。

現役を引退してコーチや監督になったら、「まったく新しいことをやるのだ」というように考えて、指導者としての役割・仕事つまり監督・コーチ業を、しっかりと勉強しておくのが賢明である。

⑹　自チームに有利な試合の流れやペースをつくっていく

これは⑸で述べたことと関連が深く、いわゆる作戦タイムの要求の問題である。試合の流れのなかで、どのタイミングで作戦タイムを取るかが大事である。とりわけバレーボールにおいては勝敗を左右する大事な事柄である。

作戦タイムを取るのは、まずは試合展開が自チームに不利な場合である。こうして自チームにとって不利な流れを変えるようにする。さらには、自チームにとくに問題がなくても、相手チームが調子に乗っている場合は作戦タイムを取って、相手の好調子の波・ペースを崩すようにすることも、また作戦のうちである。むろんそれはルールの範囲内のことであり、しかも審判員や相手チームにそれと見破られないよう、ごく自然に作戦タイムを要求することだ。

⑺　審判の判定に対する異議申し立てをする

ルール上、選手は異議申し立てができないので、監督が行うことになる。審判員とて、常に完璧ではありえない。ときにミスもあるだろう。それだけに、監督やコーチは試合経過や審判員の判定上の問題・ミスを見落とすことのないよう、くれぐれもよく見ていなければならない。そして、判定ミスを直感したら、すぐさま異議申し立てをする。それだけに、刻々と変わる試合の流れを、審判員以上の厳正な目で見つめる集中力が欠かせない。

(8) 試合終了後に選手たちに労いの言葉をかけてやる

試合が終わったら、タイミングを見計らって、感想や総評を行い、一言労いの言葉を添えることは、次の試合や翌日の試合のために必要である。さらには、それはその後の練習や大会にもつながる。

そして、監督も、自身の監督業・采配ぶりについて忘れずに自己点検を行う。また、指導陣同士での反省の話し合いも、むろん必要かつ有意義である。

「反省なきところ進歩なし」であり、「反省あれば進歩の道が開ける」である。勝った試合から学ぶことも少なくないが、それに劣らず、負けた試合からも何かと学ぶことがあるはずだ。むしろ、負けた試合から、どれだけ多くを学び取るかで、その後の進歩と勝利のほどが決まるといっても過言ではない。まさに、失敗から学び、教訓を得る。それはそのまま賢者の証にもなるであろう。

第四章
競技中の心のもち方

「メンタルマネジメント」(mental management)。読者のみなさんは、この言葉を見聞きしたことがあるだろうか。わが国のスポーツ界で、この言葉が使われ出したのは、オリンピックはロサンゼルス大会（一九八四年）の直後である。直訳すれば「精神面の管理」である。スポーツ選手がここ一番に、もっとも実力が発揮できる精神状態に自らをもっていくための方法や工夫のことをさしている。

元中京大学学長の故・松田岩男氏（スポーツ心理学専攻）によると、メンタルマネジメントとは、「あがりの防止といった受け身のものとは違って、最高記録を出し得るトップの心理状態をトレーニングによって作り出そうという積極的な試み」のことである（日本経済新聞一九八五年七月二〇日）。

本章において取り上げるメンタルマネジメント、つまり〈競技中の心のもち方〉とは、選手個々人が最高の精神状態をつくり出すための〈心得〉ないし〈心のもち方〉のことである。しかも、とくに外国の文献に依拠することなく、いわば日本発の普遍性を有するメンタルマネジメントの実践的な方途や方略である。

第一節　基本は〈平常心で臨む！〉

1．平常心とは非常心なり

(1)　日常的な意味での「平常心」

『集英社国語辞典［第二版］』〈文献⑯〉によると、平常心とは「いつもと変わらない、落ち着いた心。ふだんと同じ心」と記されている。『広辞苑［第七版］』〈文献⑬〉には「普段どおりに平静である心」と出ている。表記に多少の相違はあるが、いずれも実質的には同じ意味である。今日、多くの人々はそのような意味で「平常心」を使用しているものと思われる。むろん、それはそれでかまわない。

しかし、同じく「落ち着いている」「平静である」とはいっても、その精神状態・中味は、人それぞれである。また、同一個人においても、それがいかなる場面なのか、あるいは何を行っている最中なのかで、平常心は同じではないであろう。具体的にいえば、室内でテレビを見ているときの平常心、車を運転しているときの平常心、それに読書中の平常心とで、同じく〈落ち着いた心理状態〉とはいうもののその落ち着きの程度や心理状態はまったく同じではない。それぞれの状況に特有の平常心が存在する。

このように、同じく「平常心」とはいっても、その実質・中身は一様ではなく、状況・場面によってそれなりに異なる。しかも、そこには個人差や性差があるであろう。このように「平常心」の中身は同じではなく、そこにはけっこう相違があり、実質的に幅がある。要するに、「平常心」は、人それぞれであり、また場面・状況ごとにさまざまである。こうして、さまざまな平常心がある、と考えたほうがごく自然である。

そのようなわけで、辞書に記されてあるように「平常心」の意味を「いつもと変わらない、落ち着いた心。ふだんと同じ心」ととらえて、そのような精神状態で大会・競技会に臨んだとして、勝負の場面に特有のプレッシャーに惑わされることなく、本人のもてる力を存分に発揮できるかは疑問である。闘いの場面では、単に落ち着いているだけでは、不十分なのである。つまり、プレッシャー場面に通用する、闘う人（ファイター）＝スポーツマンのための「平常心」がぜひとも必要である。これが筆者の結論であり、それを探求し、明らかにするのが本章の課題の一つである。

(2)『五輪書』における「平常心」

平常心について、『五輪書』では、どのように書かれているのであろうか。

その「水の巻」（二天一流の極意を述べた巻）の最初に、「兵法における心のもち方」がある。剣の勝負に臨む心がまえを書き記したものである。それは次のとおりである。

兵法の道においては、心の持ち方は、平常の心と変わってはならない。平常のときも、戦いのときも少しも変わることなく、心を広く真っすぐにして、緊張しすぎず、少しも緩まず、心が偏らないように心を真ん中において、心を静かに揺るがせて、その揺るぎが一瞬たりとも止まらないよう、つねに流動自在な心の状態を保つよう、よくよく留意しなければならない。

動作が静かなときも心は静止せず、激しく動いているときも心は少しも慌てずに平静に保ち、心は動作に引きずられず、動作は心に引きずられることなく、心の持ち方にはよくよく気をつけて、動作には気をとられないようにし、心を充実させ、余計なことに気を奪われないようにす

る。表面的には弱く見えても心底はしっかりと強く持ち、本心を相手に見抜かれないようにする
〈文献(7)28頁より引用〉。

これが宮本武蔵のいう「平常心」である。日常的に用いている「平常心」(普段の心・いつもの心持ち。いつもと変わらない落ち着いた気持ちなどの意味)とは大分異なることが直感できよう。生死をかけた戦いや、ここぞという大事な勝負の場面では、気持ちがただ平静なだけではけっして十分ではなく、さらに留意すべき事柄がほかもいろいろとあるのだ、と武蔵は明言している。

(3)「平常心」を分析してみれば

宮本武蔵が追及し、到達した「平常心」、つまり理想的な闘魂を箇条書きで示しておこう。

①心を広く真っすぐにする。
②緊張しすぎず、かといって少しの緩みもない精神状態。
③心が偏らないよう真ん中におく。
④心を静かに揺るがせて、その揺るぎが一瞬たりとも止まらないようつねに流動自在な状態に保つ。つまり、動作が静かなときも心は静止せずきちんとはたらいている。
⑤心は動作に引きずられない。
⑥動作は心に引きずられない。
⑦心のもち方にはよくよく気をつけて、動作には気をとられないようにする。
⑧心を充実させ、余計なことには気を奪われない。
⑨見た目はともかく、心底はしっかりと強く持つ。

⑩自己の意図・ねらい・真意など、本心を相手に
　見抜かれないようにする。

以上、大事な心得がなんと十個もあげられている。まさに「平常心十か条」である。武蔵が到達した「平常心」は、時空を超えて普遍的である。

生死を賭けて闘う兵法者の「平常心」とは、空理空論や比喩的な表現、借り物の表現であってはならず、実際に有用で、実践の場に直に通用するものでなくてはならない。また、単に落ち着いているとか、平静であるだけでは、はなはだ不十分である。生きるか死ぬかの闘い、つまり非常事態に不可欠の最高の精神状態でなければならない。剣豪・宮本武蔵は、そのような理想的な闘魂について実践を通じて追究・確認し、それを今に伝え残したのである。

(4)「平常心」とは「非常心」なり

武蔵にとっては、生きているかぎり寝ても覚めても絶えず非常事態・闘いの場であったはずである。いつなんどき、敵が襲ってくるかもしれないからだ。したがって、つねに周辺への警戒心を寸分たりとも怠ることなく、気持ちは何時でもスタンバイの状態にしておく。これが武蔵にとっての常態（いつもの状態、通常の状態のこと）である。〈非常時用の心の常備〉こそが「平常心」なのである。それゆえ、「平常心」とは、非常時用の心つまり「非常心」なのである。

こうして、武蔵は「つね日頃より、非常事態を想定し、身も心もそれに備えるべし」と教え説く。いや、修行の一環として自分自身にそういい聞かせていたはずである。彼にいわせれば、それは武士としての基本的心得であり、また彼自身それが実際にできているが故に、誇りでもあったに相違ない。

表現を変えていえば、非常事態・闘いの場にも通用する心のもち方を、つね日頃から心がけて習慣化しておき、非常事態には、そのいつもの心持ちで臨むべし、という教訓である。これは、当時の武士の戦いに際しての基本であり、そのまま人生訓・処世訓でもある。

その教訓を生かすべく、筆者は、今日のスポーツ選手の心得として、「平常心で臨む」といい表すことにした。日頃より、非常時用の心を身につけていれば、いざ闘いの際にもとくに変わることなく、いつもの心持ちで闘うことができる。そして、自分のもてる力を存分に発揮し、勝利を手中に収めることができる。日頃から着慣れた道衣・ユニフォーム、締め慣れた帯、使い慣れたプロテクター・ラケット・バット、履き慣れたシューズなどで試合に臨むのがよい。それと同じく、心のもち方・心のあり方も、普段から慣れ親しんだ気持ち＝平常心が、やはり一番なのである。

じつは、武蔵のいう「平常心」は、私たち現代人にとっては相当に難しい。しかし、武蔵のいう平常心は、私たち現代人にとって不可欠なのである。平常心を心得ていれば、海外へ出かけたときはもちろんのこと、国内にいても、とても心強いであろう。万が一に備えることが〈生きる知恵〉であり、またそれが実行できてこそ真に〈生きる力〉が身についているというものだ。こう思えば、今日においても、武蔵流の「平常心」は大いに役に立ち、頼りになる。それ故、『五輪書』にいう「平常心」には、時空を超えた普遍的価値が認められるのである。

2. 心理学的に分析した〈平常心〉とは

では、ここに、『五輪書』における「平常心」に基づいて、闘いに真に通用する理想的な「平常心」を心理学的に分析する。

(1) 認識の側面

まず、認識機能の面から、平常心の実現している精神状態をみてみよう。

①注意の範囲が広く、しかも注意が偏らずバランスがとれている。つまり、闘いという実践の場全体とその各部分に細心の注意力が払われている。言い換えれば、眼も、耳も、鼻も、皮膚もすべて「ハイセンサー」となって性能よく機能している。

②したがって、必要な事柄を見落としたり、見誤ったりするなど認識上の致命的なミスは生じない。

③どうでもよい刺激や事柄に気（注意）が奪われたりしない、つまり無用なことに惑わされたり、気が散ったりしない。

④特定の考えにとらわれず、つまり気持ちが居つくことなく、つねに流動自在な意識状態にある。いわば、頭も気持ちも自然体で、柔らか頭・しなやか心の状態になっている。

⑤「あれか、これか」と迷ったりすることなく、てきぱきと判断できる。つまり判断は、電光石火のごとく素早く、かつ的確である。

⑥見えない部分・見えにくい部分・陰の部分に対する目配り・気配りが素早く、かつ推測が的確であり、目配り・気配りは怠りなくなされている。

⑦先々の様子・状況に対する見通しや予想もおこたりなく、ごく自然に頭がはたらき、しかもヨミ・見通し・予想は的確である。

(2)　感情の側面

①緊張しすぎず、かといって少しも緩まず、中程度の緊張状態にある。

②あわてたり、あせったり、いら立ったり、怒ったりすることなく冷静・沈着である。

③むろん不安や怖れのかけらもない。

④意気消沈したり、その反対に気持ちが高ぶったりするなど極端に偏った精神状態とは縁遠い。

⑤しかも、そうでありながら攻撃心・闘魂はきちんと維持されている。つまり、「冷静に燃えた精神状態」である。

(3)　意志・行動の側面

意志のはたらきの特長は、どうであろうか。

①やる気（闘魂）は十分あるが、それが外部にむき出しに表れたり、勝敗・結果を意識しすぎた

り、勝ち急いだりすることはない。

②その反対に慎重になりすぎて、心身のはたらき・状態が不要にも抑制されたりはしない。

③むろん無気力とか、やる気がないなどの状態とは無縁で、意志力・気力は充実している。

④先走って勝敗・結果を意識するのではなく、自己の認識作用や心のはたらき・状態に気配り・配慮がなされている。

⑤とくに意識することなく、闘いの状況に見合った身の動き・攻防動作が的確かつ素早くできる。つまり、的確かつ素早い判断に基づき、素早く、タイミングよく目的行動・動作が行われる。

⑥苦境に立っても、けっして諦めたりせず最善を尽くそうとする。

このような精神状態が完全に実現できれば、私たち現代人の場合、スポーツにおいて競技中にミスをすることもなく、本人のもてる力を存分に発揮できるであろう。それこそ、体力の衰えがないかぎり、またスタミナが切れないかぎり、自己最高記録を樹立することも不可能ではない。

3. 平常心を身につけようとする際の基本心得

では、あらためて平常心を身につけようとする際の基本心得について述べる。

「平常心」を頭で理解したとしても、今すぐにもそれを実行して理屈どおりに実現できるわけではない。とくに初心者においては、そうである。理想的な精神状態としての平常心の実現には、それ相当の年月を要する。日々のたゆまざる心がけ・努力によって完璧に近いレベルに到達し得たとしても、たとえトップレベルの選手・アスリートにおいても、完全に平常心を保ちつつ闘ったり、演技を行ったりすることはけっして容易ではあるまい。長時間に及ぶ競技種目においてはとくにそうである。

学校の試験で、つねに全教科の満点を取るのは無理である。得意科目であってもつねに満点とはかぎらない。このように、「平常心」については、実際には完全に維持できなくてもしかたがない。とにかく、可能なかぎり理想状態に一歩でも近づくよう日々心がけていくことだ。そのように日々心がけて平常心を練り上げていくことに意義がある。そうすれば、短い競技時間ならば、完璧な心理状態を実現させ、維持できるであろう。

要は、どれだけ完全・理想的な状態に接近し得るかである。したがって、ここは、到達目標ではなく方向目標であってもかまわない。大会で好成績を望むならば、選手としては平常心の形成・確立を継続課題としていくべきである。「千里の道も一歩から」の教えよろしく始めるのである。そして、日々、理想の平常心に向かって努力していくうちに、だんだんと理想の境地に接近できる。テストの点数でいえば、「全教科一〇〇点満点でなくても、九〇点以上取れればそれでよい」とする考えと似ていよう。完璧な状態に一歩でも、少しでも近づければ、それでよい。やがていずれは、「継続は力なり！」と自信をもっていえる日がやってくる。

4．平常心を身につけるためには

では、そのような平常心を、ハイレベルでしっかりと身につけるには、どうしたらよいだろうか。ここに、その方途を考察してみることにしよう。

第一に、つね日頃から練習・稽古以外のときにも、先に述べた「平常心」を実現させ、その状態を保つよう心がける。

第二に、練習の際には、ただ単に練習とは思わず、たとえば空手道でいえば突き・蹴りの一本、一本を、野球における投手ならば一球、一球を、試合のつもりで真剣に行うようにする。また、フィギュアスケート、体操競技、空手道の形競技などにおいては、大会のつもりで行ってみる。つまり、「練習即試合、試合即練習」の発想である。毎回それが無理ならば（実際、毎回は困難であろう）、一日に何回かでよいから、大会・試合の場面を想定して真剣に行ってみるようにする。この繰り返しと、その積み重ねが軽視できない。徐々にではあるが、試合に通用する平常心に確実に近づいていくであろう。

第三に、さまざまなプレッシャー場面を設定して練習する。試合のつもりで練習を行うのであれば、できるだけ具体的な場面を想定して行うほうがより効果的である。たとえば、「予戦の試合」「残り時間一〇秒で、対戦相手に一ポイント超されている状況」「残り三〇秒で二ポイント超されている状況」「接戦の決勝戦を想定しての形の演武」など、さまざまなプレッシャーや不利な場面を想定して行ってみる。

このように、プレッシャー・不利な場面を想定しての練習法は、「モデルトレーニング」と呼ばれる。こうした練習を日頃から行えば、精神面の対策になるばかりか、試合運びも覚えていく。

先に述べた事柄が日頃の練習で実行してうまくいけば、大会で日頃の実力が確実に発揮できるようになるであろう。ときには、これまで以上の好成績を出すことも、けっして不可能ではない。きちんと努力を継続する選手は報われ、精神面・技術面のいずれにおいても進化する。

第二節　勝負における具体的な心のもち方

平常心を常にハイレベルでもち続けることは相当に難しい。あの武蔵でさえ、熊本藩主・細川忠利の前で達磨禅師の絵を描くよう命じられたときには、さすがに緊張してしまって、何度描いても満足のいく出来栄えにはならなかったという〈文献⑾164頁〉。あの武蔵にして、そうであったのだ。それほどにも、平常心を絶えず堅持して事にあたることは容易ではないのである。

私たち現代人の場合、大事な大会で勝負に勝つべく、日々、ほかのことは一切忘れて練習・稽古に没頭してはげんでいても、普段はもとより試合中も一貫して平常心をもち続けることは容易ではない。むしろ、それはとても難しい。大多数の人々にとっては、現実はそのようなものであろう。

そこで、〈試合に臨む心がまえ〉をより確実なものとするために、「平常心」の特長を基本にふまえつつ、〈必勝のための心のもち方〉をより具体的に設定し、わかりやすく解説してみることにしたい。

1．勝ち負けを意識しすぎないこと

種目によらず、ほとんどの選手がおちいってしまう心理的問題に、「勝敗を意識しすぎる」、がある。勝負に対する過剰意識である。まず、トーナメント戦での第一回戦（予戦）が、そうである。また、あと一ポイント取れば勝ち（優勝）である、この試合に勝てば決勝進出である、野球でもう一イニングでシャット・アウト勝ちとなる、大相撲で今日勝てば勝ち越しであるなどの勝敗を分ける場面ではとくにそうであろう。そのような場面では、「もし負けたら、どうしよう」とか、「絶対に負けら

れない！」「ぜひとも勝たなければ……」「絶対にヒットを打たなければ……」などの考えが、ふと頭に浮かんでしまうものだ。

しかし、闘う前から、あるいは闘いの最中に、そのように勝敗を意識したからといって、どうなるものでもない。むしろ、闘う前から変に力みが生じたり、慎重になりすぎたりして体の動きが悪くなってしまい、結果としてリズムやペースに乱れが生じ、技のスピードが鈍ってくる。むろん目的動作のタイミングも狂いやすい。そのようなときは、平常心とはほど遠く、注意力が乱れたり、集中力が低下したりするなど精神面の問題も同時に生じているはずである。

このようになったのでは、勝てるはずの試合も勝てずに終わってしまう。大切なことは、とにかく勝敗を意識しすぎないよう留意することだ。そのためには、どのような対策が必要かつ有効であろうか。それには、「試合開始や自分の出番に先立ち、勝敗や成績のことを考えたり、心配したりしないように」とか、「とにかく勝敗は気にするな！　自分のもち味を存分に出せば、それでよいのだ」などと、日頃から自分にいい聞かせておく。そして、試合当日も、その心得を思い出して試合に臨むようにする。

実際に自分の出番がきて競技・試合が始まったら、試合の流れや、演技の最中のその一瞬、その一瞬に集中して取り組むようにする。とにかく、結果・勝敗のことは考えたりしないことだ。プレーの最中にスコアが気になって、スコアボードを見たところで、どうなるものでもない。大切なことは、あくまでも闘い・演技のプロセスそのものであり、大事な場面、大事なその瞬間において雑念の一切入らない精神集中なのである。

以上は、平常心を取り乱さないための心得でもある。

2. 冷静に燃える

平常心の本当の意味を知らずに、「あせらず、あわてず落ち着いてやればよいのだ」とか、「とにかく、いつものように落ち着いてやれば、それでよいのだ」と思っている人が、実際には少なくないであろう。前節で述べた「平常心」の意味をきちんと知らなければ、それもしかたがない。

大会という大事な場面では、ただ単に落ち着いているだけでは十分ではない。とりわけ、対面して行う格技種目をはじめ球技種目、スピード・飛距離・重さを競う種目においては、そうである。車を運転するときの心がまえ・冷静さとは、そこが違う。勝負の場で真剣に競い合って、よりよい結果を出そうとするからには、やはりそれなりの「燃える心」が不足してはならない。それでは、ガソリン不足の状態で長時間走行するようなものだ。そこで、闘うからには、ぜひともファイティング・スピリット（闘魂）が欠かせない。そこで、試合に臨む心がまえとして、ここに「冷静に燃える！」を掲げる。

ただし、闘魂が前面に出過ぎてしまって心身ともに力んだり、勝ち急いだりしないよう、つまり冷静な気持ちを取り乱すことのないよう、くれぐれも留意することだ。もし、怒りの感情が込みあげてきても、「カーッ」となったりせず、冷静さを維持しつつ怒りの気持ちを闘魂に昇華させ質的変換をはかるのである。まさに、ここは質的なメンタルギアチェンジであり、「冷静に燃えよ！」というわけである。

そのような精神状態は、〈冷静さ〉と〈闘魂〉の共存状態である。ともすれば対立しやすく共存困難な二種類の精神的特質が共存・両立した精神状態こそが、ぜひとも必要なのだ。これは、危険物を取り扱うに際して、ミスをすることなく手際よく取り扱う心得と相通ずる心理である。このような精神状態をもち続けることを「冷静に燃える！」といい表した。こうした心境で闘いに臨み、その状態を試合時間中ずっと維持していけば、自己のもてる力をきちんと発揮でき、きっと好結果がもたらされるにちがいない。

3. 勝ち急がないこと

格技種目において、試合が始まり、自分のほうがポイント数を多く取り、有利に試合が進んでいけば、「もう一ポイント取ろう」と思いがちである。そうなると、つい無理をして攻め急いでしまう。その結果、相手にかわされたり、逆に相手にポイントを取られたりする。そうなると、あせったり、あわてたりしやすい。そして、それに連動して心身ともに緊張が高まり、身の動きのリズムに乱れが生じ、攻防動作のタイミングに狂いが生じ、体の切れも悪くなり、さらにポイントを取られてしまうこともある。こうして、自分のほうは加速的に悪い状態になっていく。いわば、「負のベクトル連鎖」が生じてしまう。こうなっては相手の思うつぼである。

同様なことは、球技類においても見られる。たとえば野球における完封寸前の場面である。九回の裏はツーアウト・ツーストライクまで追い込んだ場面で、ストライクを取りにいってど真ん中にボールを放ってしまい、逆転ホームランやヒットを打たれるなどである。いわゆる「勝ち急ぎの問題性・

怖さ」である。「急いては事を為損ずる」というとおりである。

こうなったのでは、勝てる試合も逆転負けとなってしまう。従来、こうしたケースは、けっこうある。そうならないためにも、「勝ち急がないこと」と自戒する必要がある。そして、これまでの良い流れを崩さず、気持ちの緩みが出ないよう、冷静にいくところだ。

4．慎重になりすぎないこと

勝ちを急いでしまうのとは反対に、慎重になりすぎるということも、よくある。これも、けっしてよいことではない。せっかくのチャンスを見逃してしまったり、相手の攻撃をかわし損ねてポイントを取られたりしがちである。それは、慎重になりすぎると無意識のうちに心身の緊張が高まってきて機敏性を欠いてしまい、攻防動作のタイミングに狂いが生じ、しかも瞬発力や技のスピードが落ちてくるからだ。いわば、「無意識のサイドブレーキ」がかかった状態になってしまう。慎重な心がけも、度が過ぎたのではよろしくない。そうならないためにも、「慎重になりすぎないこと」という自戒の言葉が必要となる。

5．油断は禁物！—三つの油断に注意すべし

油断は、私たち人間にはつきものである。周知のように、何事においても気持ちに余裕をもって取り組むなり、対処することが大切である。しかし、気持ちに余裕をもちすぎて油断が生じたのでは、いただけない。つい注意力に緩みが生じてしまい、しなくてもよいミス、イージーミスを犯してしま

う。これが油断である。『広辞苑』〈文献⒀〉によると、油断とは「気をゆるして、注意を怠ること。不注意」と記されてある。まさに油を断ってしまう、すなわち油断である。とにかく、「まだある」と思っていた油がなくなってしまったのでは、いけない。試合において油断すれば、勝てるはずの相手に負けてしまったり、誰が見ても絶対に有利な試合をミスミス落としてしまったりする。試合における油断には、次に示すように三種類ある。

(1)　試合前の油断

まず一つ目は、自分の出番の前からの油断である。つまり、〈試合前の油断〉である。しかも、それは試合が始まってからしばらくの間続く。対戦相手をなめてかかることが、それである。もし予想に反して相手の力量が上回っていれば、そうした油断ゆえに、試合開始早々に相手に先取点を取られてしまうこともあろう。対戦に先がけて、相手の力量や得意・不得意について情報を収集しておくことは必要かつけっこうなことだが、それによって安心しきったり、相手を甘く見て気が緩んだりしたのでは、よくない。対戦相手の力量のほどは、実際に対戦してみないことには、はっきりしたことはわからない。鼻からなめてかかったりしないよう、くれぐれも用心する。

(2)　試合最中の油断

二つ目の油断は、〈対戦半ばの油断〉である。両者の実力が伯仲していて、やっとのことでポイントを取った直後に生ずる油断である。「ああ、やれ、やれ！　やっとポイントが取れた！」などと、一安心するからだ。意図的な安心（「よし、これでよい！　さあ、気を引き締めていこう！」と思うなど）ではなく、安堵感（「ああ、やれ、やれ、やっとポイントが取れた！」などと思うなど）の場合は、よい意味の緊張感に緩みが生じかねない。つまり、必要な緊張状態の急低下・失速である。これは無意識の油断であるだけに曲者である。一方、対戦相手のほうは逆に「よーし、やるぞ！」と気合が入り、本格的にエンジンがかかる。相手はあせるどころか、闘魂が本格的に燃えあがり、本気でかかってくるだけにこわい。ここは、よくよく注意すべきことである。

この二つめの油断対策としては、有効技を決めて、主審の「やめ！」の合図があったら、元の位置に戻るまでの間、心もちゆっくりと歩きつつ頭の中で「ポイント取ったら、帯締めよ！」と頭のなかで唱え（〈内言の方略〉の活用）、実際に胴衣の状態を整えつつ緩みかけた帯をぐっと締め直すようにする。こうして時間的な「間」を取って、緩んだ気持ちも引き締め、立て直しをはかるようにする。つまり、〈闘魂・注意力のリセット〉である。吸った息は吐くように、緩んだ気持ちは締め直す。このバランス感覚を忘れないことだ。これは〈勝つリズムの維持・調整〉でもある。『五輪書』風に表現すれば、「勝つ調子・拍子のリセット」である。

(3) 終了間際の油断

三つめは、試合終了が近づいたときに生ずる油断、つまり〈試合終了間際の油断〉だ。ここに、相撲における「土俵際のうっちゃり負け」を連想した読者もおられよう。また、『徒然草』の中の「高名の木登り」に出てくる文言「過ちは近きところにて候う」を思い出した読者もおられるであろう。

とにかく、終了間際のミスや被得点には、くれぐれも用心すべきである。慎重になりすぎることなく、勝ち急ぐこともなくベストコンディションで試合運びをして、自分のほうが何ポイントも先行していて有利であると、つい油断の気持ちが頭をもたげてくることがあろう。実際には、この油断もけっして少なくない。残り時間が三〇秒を切り、さらに十五秒を切り、終了間際ともなると、「もう大丈夫だ！」と思ってしまう。そのような終了間際には、対戦相手のほうは、一ポイントでも取り返そうとして、それこそ窮鼠猫をかむがごとくに必死になって攻めてくる。しかも残り時間二〇〜三〇秒間に三、四ポイント稼いでしまう選手もいる。空手道の場合、よくあることだ。場合によっては、残り数秒間で二、三ポイント稼いで逆転させてしまう。一ポイント取って逆転勝ちをする選手もいる。

このような例は多くの種目において見られる。それだけに、終了間際での油断は断じてあってはならない。かつて国際大会において、類似の例があった。「ドーハの悲劇」で知られているのが、それである。サッカーのWカップ・米国大会のアジア地区最終予選（カタール国ドーハでの「日本対イラク戦」、一九九三年十月二十八日）での出来事である。日本チームは、後半ロスタイムで一点取られて二対二と同点になり、結果はリーグ内三位で、本大会への出場権を惜しくも逃した。もちろん油断しての惜敗ではないものの、勝負においては最後の最後まで気が抜けないことを教えてくれた試合であった。教訓を得ようとすれば、それは「ドーハの教え」である。

さて、取り返しが容易ではない三つ目の油断は、無意識のうちにも、緊張状態からの解放を急いでしまうためであろうか。なお、格技種目においては、防御に自信をもっている選手に三つ目の油断が生じやすい。「くれぐれもご用心！」である。

試合時間が残り少ないとはいえ、相手の闘魂・技のしかけによっては予想に反した結果になりかねず、逆転負けもあり得るのだ。それだけに、〈終了間際の油断〉には、よくよく心すべきである。

以上、種々の格技種目や球技種目において生ずる油断には、〈試合前の油断〉〈試合半ばの油断〉

〈試合終了間際の油断〉の三つがあることを確認した。こうして、油断はいつでも、どこでも生ずるのである。そこで、それを戒めるべく、「油断は禁物！」と称するわけである。

6．臨機応変を忘れずに

⑴　試合中のハプニングもさまざま

何事であれ、自分の思いどおりに常にうまくいくとはかぎらない。スポーツにおいても、そうである。ものごとが思いどおり・予想どおりにいかないわけはさまざまだが、その一つに、予期せぬ出来事つまりハプニングの発生がある。

大会当日や競技場において、選手や監督・コーチにとってのハプニングとしては、選手のけがや体調の異変、審判の判定揉め、対戦チームとのトラブルなどがある。野球やサッカー、とりわけプロスポーツの試合での選手同士の揉め事は、ファンならずともよくわかっているであろう。

それ以外にも、観客の乱暴・逸脱行為、観客席からのブーイング、対戦チーム側の観客の逸脱した応援態度など、さまざまなことがある。また、試合中の突発的な大きな音や地震、突風などの発生、それに今どき異臭騒ぎなどがないともかぎらない。さらには、けっしてあってほしくはないことだが、外部からの賊の侵入やテロ事件等を想定しておくことも対策・視野のうちである。

⑵　ハプニングとて軽視できない

ハプニングの影響であるが、それには、結果としてとくに問題視しなくてすむ軽微なものから、重大な結果や実害をもたらすものまで、じつに大きな幅がある。しかし、いずれにしても予想外の出来事であるだけに、その影響力は軽視できない。もし、そうした事態が発生したら、けっしてあわてたり、おじけづいたりしないよう、あるいは逆に血気にはやったりすることのないよう、冷静かつ慎重に、しかも臨機応変に対処することが大切である。そのことを、「臨機応変を忘れずに」と称したのである。

そのためにも、日頃から、ハプニングの発生も想定して、一とおり対策を講じておけば安心できよう。「備えあれば患えなし」である。具体的な場面を想定して実際に対処行動を行ってみる（「行動リハーサル」という）、あるいは頭のなかでやってみる（「イメージ・リハーサル」という）のである。ストレスマネジメントならぬ、「リスクマネジメント」（危機管理）の一環である。

⑶　格技種目における臨機応変の対処法

では、ここに、格技種目の試合における臨機応変の対処法について述べてみよう。

第一に、刻々と変わる試合展開の状況（対戦相手の技のしかけの特徴や調子、自分の技の決まり具合・調子など）についてきちんと把握しつつ、あらかじめ用意した作戦・戦略に固執することなく、柔軟に対処していくことである。

第二に、自分のヨミ・予想に自信をもっていても、予想外のことも生じうるということを忘れないことである。たとえば、「相手は上段突きをしてくるに相違ない」と直感しても、それはカモフラージュであって、じつは中段前蹴りや、上段回し蹴りを出してくることもあり得よう。また、対戦相手が、あたかも隙ができたように見せかけて、つまり意図的に〈誘いの構え・ポーズ〉をして、こちらの攻撃を誘い、それをうまくかわしてポイントを取ろうとする戦術に出てくるかもしれない。さらには、突拍子もない動作・技をしかけてくることもありえよう。

このように、「予想外のことも生じうるのだ」という考えを、つね日頃からしっかりともって稽古をする必要がある。こうしておけば、大会だからといってとくに意識することなく、日頃心得ていたように対処できるであろう。これも、平常からの心持ち・対処、つまり平常心の一側面と心得ておいてよい。

以上、臨機応変の大切さについて確認してきた。臨機応変の対応が実際にきちんとできるときの心理状態は、特定の事柄や考えにとらわれることなく、流動自在な心の状態つまり平常心がきちんと維持されている状態である。こうなると、「平常心」は心の内面を言い表したものであり、一方、「臨機応変」は、外部状況への実際の対処・対応行動をさす言葉である。こうして、心の自由（平常心）と、身の自由（臨機応変）、しかもこの両面が有機的につながり混然一体となっている状態つまり心身一如の状態こそが理想の状態である。これは勝利を根底から支える条件であり、いうなれば、勝利をもたらす要因の連係である。

7. 最後まで諦めないこと

(1) 劣勢な試合でも諦めないこと

球技種目や格技種目において、試合時間半ばで対戦相手に大きく点差をつけられると、戦意が失われてしまうこともあろう。これは諦めの心理のごく自然な現れであり、しかたがないといえなくもない。しかし、そうなったのでは、闘う者として少々寂しいどころか、ときに情けなく、みっともない。また、「そのように思われたりはしないだろうか」などと変に気にしたりするのも、気持ちとしてわかるが、やはりよくない。

そのように劣勢な試合であっても、とにかく力のあるかぎり最善を尽くすことだ。そうすれば、場合によっては逆転も不可能ではない。

大差で負けていても、けっして諦めることなく辛抱強くベストを尽くしてがんばれば、もしかしたら僅差の負けですむかもしれない。それはそれで、その後の練習や試合に大いにプラスとなる。つまり、その後の戦績に大きく貢献することも十分にありうる。負け試合の経験をむだにすることなく、そこから学ぶという心得・人生態度である。平たくいえば、「七転び八起き」あるいは「転んでもただでは起きない」の発想である。要は、失敗から、どれだけ多くの事柄を学び取るかである。勝った試合からよりも、負けた試合からのほうが、多くのことが学べるはずだ。

僅差で負けている場合は、なおさらのこと、最後まで諦めずにがんばる心意気が大切である。場合によっては、逆転勝ちが多分にありうるからだ。それこそ、相手に気の緩みが生ずれば、こちらに勝機が回ってくることが十分にあるからだ。

(2) 劣勢な試合は実践的練習の場と受けとめてがんばる

はっきりと劣勢な試合においては、もう一つの対処法が考えられる。

不本意ながら劣勢な場合は、頭を切り替えてみるのである。車のギアチェンジならぬ、頭の切り替え＝メンタルギアチェンジである。そのような場面は、練習の一場面と受けとめ、しかも「実践的トレーニングの好機」とみなしてみてはどうだろうか。いわゆる開き直りの心理や態度のバリエーションとも取れるが、それはスポーツ選手ならではの、苦境に立った際の柔軟かつ創造的な態度でもあろう。練習場面と思って立ち向かえばこそ、あわてたり、あせったりせずに思いきりがんばることもできるはずだ。これも、先に述べた臨機応変の対応であり、〈発想の転換〉があってこその対処法である。もし、そうやって実際に逆転できたら、それこそ「事実は小説よりも奇なり」であり、「奇跡は、一度は信じてみるものだ！」という文言がふと頭に浮かんでこよう。

大相撲で幕内下位の力士が、横綱や大関との初顔合わせ（初対戦）で思わぬ勝ち星をあげることもある。横綱・大関は「不覚を取った」といわれ、一方の平幕力士は、「〇〇以来の大物力士の再来か」などと大いに話題を呼ぶこともあろう。一瞬なりとも、天と地の差ではある。むろん、最後の最後まで諦めないという根性の成せる技でもあろう。

(3) 判定が下るまでは試合中と心得よ

ポイント数が双方ともに同じ場合、判定で「引き分け」になるか、それとも自分が勝つか、あるいは対戦相手が勝つかのいずれかである。したがって、そのような状況では、諦めの気持ちをもってしまったのでは、やはりよろしくない。ましてや、自己採点よろしく、「しまった！　まずかった！」あるいは「思うようにいかなかった」などと思ってしまい、しかも、それを表情や仕草・態度などに露わにしたのでは、さらにつたない。

「判定が下るまでは、試合時間のうちである」と心得て、勝敗を諦めない考え・顔つき・態度が肝心である。自分のほうから、「まずかった」などの表情や仕草は禁物だ。このことは、空手道の形試合やフィギュアスケート、アーティスティック・スイミング、体操競技、新体操競技などにおいても、まったく同じである。自己の演技・演武が少々まずかったと思っても、そのことを仕草や姿勢・歩き方、表情などに表わさないことである。演技・演武の終わった後の充実感と笑みを浮かべ、冷静かつ堂々たる姿勢で判定結果を待てばそれでよい。

8. 気持ちで相手を威圧する

各種格技種目において、両者が所定の位置に立って対面し、主審の「勝負、始め！」の合図があるまでの短い間に、戦う前から気後れしたり、気力負けしたりするのは、よくない。また、試合開始後、決め技を出した際の気合が不十分なのも同様によくない。とにかく、対戦相手に気合負けをしないことだ。「気持ちで相手を威圧する」という考えを忘れないことである。なお、これは格技種目でなくても同じことである。たとえば、野球で投手は、「打たれてたまるか！」「打たせないぞ、さあ来い！」という強い気持ちを心に秘めて投球する。一方、打者のほうは、打ち負けないよう、気持ちをしっかりともって立ち構えるようにする。いずれにしても、びびってしまったのではよくない。「さあ、来い！」「さあ、やるぞ！」の心意気が大切だ。

こうして、試合は実際に戦う前から始まっている。「戦わずして半ば勝つ」、その反対に「戦わずして半ば負ける」ということが現にある。大相撲でいえば、仕切りの段階で、すでに闘いは始まっている。それこそ制限時間を待たずして、半ば勝負が決着することさえある。

そこで、少しでも優位に闘いを進めていくために、「気持ちで相手を威圧する！」と言い表したのである。ただし、本心がもろに顔に出ないよう、くれぐれも留意すべきである。あくまでも、秘めた闘志で臨むことだ。それこそ、本心を相手に見破られてしまったのでは、利敵行為となってしまい、相手に先を越されないともかぎらない。

9. もし緊張が生じたら

格技種目をはじめ、卓球・テニス・バドミントンなどの個人種目やダブルスにおいては、真剣になるあまり、プレッシャーがかかってしまって勝ち急いだり、あるいはその反対に慎重になりすぎたりする。こうなると、自然に心身の緊張が高まってきて、日頃身につけたはずの平常心の維持が多分にもあやしくなる。一流選手やトップレベルの選手、ベテラン選手であっても、そうしたプレッシャーから完全に自由ではあり得ず、大なり小なり緊張するものだ。一般選手が緊張のあまりプレーに乱れが生じてしまうのは、ごくあたりまえのことである。

もし、そのような心理状態になった場合、どのように対処すればよいだろうか。スポーツ選手にとっては、大事な危機管理の場面である。まずは早期発見である。できるだけ早いうちに、つまり緊張の高まり具合が微弱な段階（緊張亢進の予兆段階）でそれに気づいて、緊張を取り除くようにすることが肝心だ。それを心得ているかどうかで、その先の試合運び・試合の流れがかなり違ってくる。

対戦者同士の体が直には触れない空手道・剣道・フェンシングなどにおいては、一瞬、相手との間合いを外して、つまり多少なりとも遠間にして、素早く、「リラックス！」とか「さあ、落ち着いて！」と頭の中で一度つぶやいてみる。すると、微弱な心身の緊張がすっと消えていく。そのような対処法がきちんとはたらくためには、日頃の練習中にそれを実際に行って慣れておくことが肝心だ。

そして、実生活のさまざまな場面で、自己の心身の緊張と弛緩を察知できるよう心がける。「緊張が高まっている、リラックスが足りない!?」と感知したら、「リラーックス！」とか「さあ、落ち着いて！」と頭の中でつぶやく。このように、緊張が増幅する前に、〈緊張ギア〉から〈リラックスギア〉にいち早く切り替える。

このように習慣づけておけば、試合中にも力みのない状態をきちんと維持しやすくなる。これは、「平常心で臨む！」に通じる心理的方略であるのは明白である。

しかし、自分の心身の緊張状態は案外察知しにくいものである。そこで、緊張を感じる・感じないにかかわらず、たとえば一時間ごとなど一定の時間間隔で、あるいは物事の区切りごとに「リラーックス！」とつぶやくようにしてみる。息を吐きながら、そのように唱える。具体的にいえば、電車に乗って椅子に座ったらワンポイント「リラーックス！」、職場や学校で椅子に腰掛けたら、「リラーックス！」と頭の中で一回唱える。トイレに立ったら、同様に「リラーックス！」とやってみる。このように随時行うようにすれば、スーッと緊張が和らいで楽になっていくのが感知でき、それまでに緊張が高まっていたことが確認もできるわけである。

以上、「平常心で臨む」と「勝負における具体的な心得」については、ただ読んで頭に入れるだけではなく、毎晩、就寝時に床についた際、心身ともにリラックスをはかったうえで、次のように頭の中で唱えてみるようにする。たとえば、「平常心で臨む！」「勝ち敗けを意識しないこと！」「冷静に燃える！」などの言葉を、それぞれ二回ずつ唱えてみる。このような、入眠時の記憶学習ないし自己暗示法を、二、三週間続ける。筆者はこれを「メンタル‐キーワード醸造法」と呼んでいる。それがすんだら、あとは安心して眠りに入ればよい。「果報は寝て待て」である。

このようにすれば、より確実に、競技中の心のもち方が頭に刻み込まれる、つまり理想的な勝負心が定着しやすい。そして、その効果が日々の練習にも現れ、試合・競技中には無用な緊張を生ずることもなく、望ましい心持ちで闘うことができ、日頃の実力を存分に発揮できるようになる。このような経験を積み重ねていくなかで、理想的な勝負心は、より確実なものとなっていく。こうして、不動・不惑の精神的境地にかぎりなく接近していくであろう。

第三節　試合別のメンタルマネジメント

ここでは、トーナメント方式による競技種目のためのメンタルマネジメントについて、試合の段階ごとにその要点を述べてみる。

1. 第一試合（予選）の心得

トーナメント方式での第一試合（予選）は、個人戦・団体戦を問わず、優勝まで勝ち進むためには、とにかく負けるわけにはいかない。負けたら、その大会はそこで終わる。それだけに、精神的プレッシャーが強く圧しかかる。一流選手でさえ一般選手以上のプレッシャーを感じる。全国大会や地区大会など国内戦においては参加選手の中では上位に位置しており、国際大会や世界大会では国を代表して出場する選手であるがゆえに、一回戦で簡単に負けるわけにはいかないからだ。とにかく予選では、プライドにかけても負けられない。責任感やプライドが人一倍強ければ、なおさらである。

では、予戦での心得・留意点とは、いかなるものであろうか。主に格技種目や球技種目を想定して、留意点を確認しておこう。

①出番に先がけて、心身のリラクセーションを十分にはかる。

②とにかく落ち着いた気持ちで臨む。つまり、「平常心で臨む」と「冷静に燃える!」でいく。

③試合開始後間もなくは、リズムとリラックスに十分に気配りし、自己のペースを乱さないよう留意する。午前中の早い試合や、スロースターターの場合、とくにそうである。

④先取点を取るよう、積極的に攻める。ただし、あわてて攻め急いだりしないよう、時間的な間(球技類の場合)や空間的な間(格技種目)とタイミングに気をつける。

⑤先取点を取ったら、あるいは最初のポイントを取ったら、とかく気が緩みやすいので、「ポイント取ったら、気を締めよ(帯締めよ)!」を忘れない。

⑥勝てそうな相手だと思っても、けっして攻め急いだり、勝ち急いだりしない。つまりリズムとペースを乱さない。

⑦自分のほうが有利に試合を運んでいたら、変に慎重になりすぎたり、その反対に勝ち急いだり、あるいは油断したりしない。よい流れを維持していく。

⑧自分のほうが不利になっても、けっしてあせったり、あわてたりしないで、最後まで諦めずに、積極的に一生懸命に闘う。

以上、八つのポイントは第一試合（予戦）のみならず、すべての試合に通用するが、とりわけ予戦では大事な留意点である。

2．優勢な試合での心得

①それまでの好調子の試合運び＝勝ちモード（勝ちをもたらすリズムとペース）をとにかく守る。
②勝ち急がない、つまり無理な攻め方はしない。
③ただし、慎重になりすぎない。
④くれぐれも気を抜かない、つまり「油断は禁物！」である。

3．劣勢な試合での心得

①ポイントを取るよう積極的に攻め（格技種目においては「後の先」ではなく、「先手」あるいは「先の先」で攻める。ただし、時間が十分にあり、しかも自信があれば、「後の先」でもかまわない。とにかく、あらんかぎりの力を振り絞って闘う。むろんチャンスは絶対に逃さない。また、積極戦法を使って攻める（なお、積極戦法については、第七章第三節と第五節を参照）。
②ただし、そのあまりにあせったり、あわてたりしないよう、くれぐれも留意する。
③心身の力みが生じやすいので、リズムとリラックスには十分に留意する。
④とにかく最後の最後まで諦めない。
⑤大差がついてしまったときは、あせったり、気分が沈んだりしがちなので、そうならないよう元

気に、そして開き直って挑む。

4．初めて出場した場合の心得

初めての大会出場、あるいは初めてのビック大会（全国大会や世界大会、オリンピック大会、パラリンピック大会など）となると、どうしても不安な気持ちになったり、緊張しすぎたり、あるいは責任感が不要にも過剰になったりしやすい。そこで、次のような心得が大切となる。

①とにかく、勝ち負けや成績のことは考えないで、思い切り、伸び伸びとやるようにすればよい。言い換えれば、自分の持ち味を出して、悔いのないように闘うことを心がける。

②「格好よくやろう」とか、「うまくやろう」などと気負わない。

③競技中は心身のリズムとリラックスには十分に留意する。

5．決勝戦での心得

どの種目であれ、トーナメントの決勝戦ともなれば、国内大会をはじめ、国際大会、世界大会、オリンピック大会、パラリンピック大会のいずれにおいても、トップツーが技を競い合い、どちらが勝ってもおかしくはないことが多い。ときに実力の優劣をつけるのが容易でない場合もあり得よう。このような特徴をもつ決勝戦に際しての心得とは、いかなるものであろうか。

①まずは決勝戦まで勝ち進んできたことを素直に喜び、誇りをもつ。

②勝敗・結果のことは変に意識しないで、とにかく悔いの残らないよう、自分の持ち味を存分に出

し切るよう心がける。

③あとは、すでに述べたことがら（とくに「勝ち急がないこと」「慎重になり過ぎないこと」「油断は禁物！」「最後まで諦めないこと」など）をきちんと守る。

6. 延長戦やジュースでの心得

種目によっては、延長戦やジュースというルールがある。その時の心得・留意点をみてみよう。

①とにかく自分・自チームのほうが先手点を取るよう積極的に攻める。

②格技種目において、対戦相手が先手をしかけてきたときには、その攻撃技をもろにくらわないよう、体さばきでしっかりとかわすなり、防御技で対処するようにする。間合が多少遠かったり、スピードが多少不十分だったりしても、タイミングがよければ、「有効な技」と判断されることがあるからだ。

③とにかく、勝ち急いでリズムやペース、タイミングを乱さない。

以上、試合の種別ごとに、試合に臨む心得について述べた。どれ一つとってみても、大会当日に、それも試合が始まってから即座にうまくできるものではない。「ローマは一日にして成らず」というように、「勝負心の準備・布石も一日にして成らず」である。また、アルコールの醸造には、短期間よりも長期間かけたほうがよいとされるが、その点、〈勝負心の醸成〉もまったく同じである。

試合別のメンタル - マネジメントにかぎらず、本章で取り上げてきた事柄についてはいずれも、できれば小学生の段階から長年かけて確実に身につけていきたいものである。むろん、これは子ども自身の自覚というよりは、むしろ指導者の課題である。

第五章
勝利のための五大要素

「リズム」「リラックス」「ペース」「タイミング」「スピード」の五つは、運動と動作に不可欠の要素である。英語で表すと、rhythm, relax, pace, timing, speedである。以下、それぞれの頭文字から、「2R^{s}PTS」（トゥ・アールズ・ピー・ティ・エス）と表記する。どの種目でも、心身のリズムをきちんと整え、十分なリラックス状態をつくり、自己のペースを乱すことなく目的動作をタイミングよく、かつスピーディに行う。合言葉は「2R^{s}PTS」である。これはスポーツにおける勝利のための五大要素である。

第一節　「リズム」

1．「リズム」の意味

「リズム」といえば、通常、音楽のリズム（これは〈聴覚的リズム〉）のことが頭に浮かぶであろう。しかし、ここでは身体活動における一定の周期的で規則的な動きのことを「リズム」という。これは、行う側からすれば、〈感覚‐運動的リズム〉であり、見る立場からいえば、〈視覚的リズム〉となる。ボクシングや空手道、フェンシングなどのフットワークがよい例である。いずれも、律動的(リズミックあるいはリズミカル)な動きが感じ取れよう。なお、床上の物体や生活体の運動により、音が出るような床になっているとすれば、運動体の動きのリズムも音楽と同様に〈聴覚的リズム〉として感受できる。

フットワークには、単一速度のものと複合速度のものがある。前者を「単一速度フットワーク」あるいは「単一フットワーク」という。一方、後者は、速い動き・やや速い動き・ゆっくりとした動きなど、速さの異なるフットワークから成り、「複合速度フットワーク」あるいは「複合フットワーク」と呼ぶ。

対戦中に速さの異なるフットワークをごく自然に、しかも見事に使い分ける者がいるが、それこそまさにフットワークも技のうちである。フットワークを行っている最中に、上半身の構えにも一定のリズムが自然に随伴するのが見て取れることがある。構えている際の上体の細やかな動きや上肢(腕)のフェイント動作である。フットワークと上半身の動きとがワンセットになって全身のリズムが構成され、そこには選手各人の特長や個性が現れる。

このような身体的動きのリズムは、格技種目だけではなく、体操競技、陸上競技、球技類にもあてはまる。体操競技では、演技を行う直前の姿勢に特有のポーズと細やかな動きが現れる。走り高跳びや三段飛びでも、助走の直前にやはりそれ特有のポーズと全身の細やかな動きがはかられる。野球では、バントを行う際にきちんとセーフティバントを行うために、リズムをともなった構えが現れる。テニスでは、対戦相手のサーブを待っている際の構えの姿勢に特有のリズミックな動きが生じる。もちろん対戦相手のスピーディなサーブに対して素早く反応するためである。

2. リズムはリラックス、スピード、タイミングのため

好きな音楽を聴いていると心身ともにくつろぐが、自分で体を動かしてリズムをつけた場合も同様に心身のリラックス状態が生じやすい。つまり、外部からの音刺激やメロディー刺激、あるいは自らつくり出す運動感覚刺激によって、心身のリラックス状態が生じる。反対に体を動かさずにじっとしていると、自然に心身の緊張が徐々に高まる。スポーツでは、無用な「力み」は演技や目的動作にはマイナスとなる。それを防ぐには、演技や目的動作に先立って、なにかリズムや調子（はずみ）をつけたほうがよい。

スポーツにおけるリズムの重要性や有効性についてさらに詳しく確認してみよう。

格技種目では、リズムは攻防動作のための準備状態をつくる役割を果たす。身体運動の適切なリズムにより、心身のリラックス状態がつくり出され、攻防動作が素早く開始できる。つまり、静止した構えの状態からいきなり攻防するよりも、細やかに体を動かした状態から挙動するほうが、タイミングがずれることなく素早く動ける。攻撃技にはスピードが乗り、それだけにパワー（威力）も出る。見た目にも技に切れがあって素早い。ボクシングならば、間合が適切であればノックダウンが決まりやすい。

このように、リズムをつけると心身のリラックス状態が生じやすく、それが好機とスピードをもたらし、〈リズム→リラックス→タイミング→スピード〉という一連の望ましい流れが成立する。リラックス、タイミング、スピードはよいリズムに乗ってこそ、うまくいくのである。

3．心のリズムも大切

本来、生命維持にかかわる内臓の器官のはたらきにも、それぞれに固有のリズムやペースがある。安静時における心臓の一定の鼓動（心拍数）、身体活動にともなう心拍数の増減、それに連動して血圧の増減が生じる。消化器官のはたらきにも同様にそれ特有のリズムとペースがある。胃腸の規則的で持続的なはたらきによって消化作用が行われる。これら内臓の器官の作用はいずれも自律神経に制御される。なお、睡眠と覚醒とは約一日周期の「バイオリズム」（生体リズム）の典型とされている。海外から帰国後しばらくは時差ボケが続くが、これは生理的リズムの乱れ（ズレ）の現象である。

このように生体の植物性機能にもリズムがあるように、じつは精神機能にもそれ特有のリズムやペースがある。頭のはたらきは起床後三時間前後が一番よいという。ここに、リズムやペースの存在が直感できよう。また、眠気や精神的な疲労感の発生が、頭のはたらきにおけるリズムやペースの存在を物語っている。眠気や疲労にともない、頭のはたらきは活発な状態から不活発な状態へと低下する。頭も体の一部であり、内臓の器官と同様にそれ特有のリズムとペースをもっている。

このように考えると、何か物事に取り組んでいる際の注意力や認識作用にも、それなりのリズムを想定できる。

第二節　リラックスの意味と重要性について

1．心身の緊張・弛緩

⑴　「リラックス」の意味

「リラックス」の意味はわかりやすい。心身の緊張や弛緩の程度に関する用語である。スポーツにかぎらず一般に「リラックス」といえば、くつろぐこと、力を抜くこと、緊張を緩めること、弛緩をさす。専門用語としては、「リラクセーション」または「リラクゼーション」の語（英語の relax の名詞形 relaxation の日本語訳）が使用される。

「リラックス」の対極は「緊張」（緊張すること）や「力み」（力むこと）である。肩や上腕の部位をはじめ手足の関節部位には力みが生じやすい。つまりは不要な筋緊張（力み）のない状態がリラックス状態である。なお、筋の緊張 - 弛緩の程度は筋電図（ＥＭＧ）によって視覚的にはっきりと確認される。

⑵　心と体の相互影響関係

精神と身体は、そのはたらきと状態において常に相互に影響しあう。気持ちが楽になり、精神的にくつろいでくると、身体もくつろいだ状態になる。生理学的には、副交感神経が優位にはたらいている状態である。逆に精神的に緊張すると、身体のほうにも緊張状態が生じる。このような状態では交感神経が優位にはたらいている。たとえば、「こわい！」と思えば、意識せずに体のほうにも緊張が生じる。恐怖の程度にもよるが、体の各部位の筋肉が異常に収縮して身震いが生じ、ひどい場合は足腰が立たない、身の毛がよだつ、呼吸が荒くなる、ときには一瞬息がつけなくなる、心拍数が急上昇する、などが起こる。

これらは、精神状態の身体への影響であるが、その反対に、体の調子や健康状態が精神機能に影響することもある。体調に特段の問題がなければ、体や健康のことを気にしたり、いらいらしたりせず、落ち着いて心安らかでいられる。そのような状態のときは、ものごとに集中して取り組める。その反対に体調が優れなければ、それが気にかかり精神活動にも何かとマイナスの影響が生じやすい。

こうして、心（精神）と体（身体）の影響は双方向的である、つまり精神と身体は相互に影響しあう関係にある。赤面、耳赤、鼓動の早鳴りなどの身体面の好ましくない状態を気にし出すと、その状態はいっそうひどくなり、悪循環が生じる。このような状況は精神医学的には「精神的交互作用」と呼ばれる。古くより、「心身一如」「心と身は一体である」「心身相関」などといわれるものである。

2. スポーツにおけるリラックスの重要性

(1) 肉体レベルの緊張・弛緩

スポーツでは心身のリラックスがとても重視される。もし、プレー・演技・挙動などの前に「力み」が先立てば、目的動作や技の開始がわずかながらも遅れてしまい、思ったような結果は得られない。それればかりかリズムを乱してミスが生じる。体操競技やフィギュアスケートなどでミスが生じるとか、格闘技では攻撃をしかけても対戦相手に逃げられ、かわされる、あるいは相手の攻撃技をかわせずにもろにくらってしまうなどである。野球では、守備のダッシュに一瞬の遅れが生じると、捕球可能なボールもヒットになる。バッターならばストライクボールは打とうと思っているため、紛らわしいボールに対して手首が回ってしまいバットを振ってしまう。また、ストライクボールでも、力みがあると正確かつ瞬発力のあるスイングが成立し難く、空振りか凡打、あるいはホームランになり損ねてしまう。

目的の動作を行う直前までリラックスしていても、いざ目的の動作を起こした際に力みが生じると、やはり目的動作はうまくいかない。このことを多くのスポーツ選手は体験的に知っている。初心者の段階では力みもあったはずだ。スポーツの上達とは力みがなくなること、つまり力みが抜けてこそ一人前といえる。

ことさら意識しなくても力は入るが、リラックス状態は意識しなければ容易には生じない。目的の動作がすめば、素早く〈ワンポイント・リラックス〉を心がけることが肝心だ。日々の練習や稽古でも、ワンポイント・リラックスを心がけて習慣づける。そうすると、とくに意識しなくてもリラックス状態がスムースに生じるようになる。まさに「習うよりも慣れよ」である。

たとえば、ラケットや竹刀・木刀の素振り、ボクシングや空手道の突きの練習などにおいて、各試行を正確に行うだけではなく、できるだけ素早くしかも回数を多く連続して行う。このような練習法を日々取り入れていけば、瞬発力、スピード、持久力が向上するばかりか、しだいに体がリラックスすることを覚えていく。具体的には、素振りや突きなど同じ動作を一分間一セットにして二〜三セット、あるいは、一セット三〇〜五〇回連続して行い、これを二〜三セット行うという練習法である。

ボクシングでは、古くからそのような練習法が取り入れられている。筆者も学生時代に気づいて、個人練習の際に取り入れてみた。それを長年継続してきたところ、瞬発力とスピード、持久力が七〇代に入ってもけっこう維持できていたと確信している。

(2) 精神レベルの緊張・弛緩

次に精神レベルの緊張・弛緩について確認してみよう。

食後、何もせずに椅子やソファに座っている状態は、通常、身体的にも精神的にもくつろいだ状態である。それと同じく、演技や姿勢が筋の緊張状態から解放されると、くつろいだ顔つき、姿勢、ポーズになってくる。このような状態は見た目にも、すぐにそれとわかる。

一方、自分の出番が近づくと、自然に気が引き締まる。これは精神面のごく自然な緊張で正常範囲である。しかし、過剰な緊張状態になることもあろう。たとえば、「失敗しないようにしなくては」「ぜひとも勝たなければ」などと過剰なまでに意識した場合、無意識に精神的緊張が高まって正常範囲を超えて危険区域に達してしまう。こうなると意に反して体にも無用な力みが生じ、ミスを誘発しやすく、まずい結果をもたらしかねない。

(3) 上達するとはリラックスが上手になっていくこと

まず、構えた姿勢を維持するのに、下半身の筋肉から腹筋や背筋、それに用具を使えば上肢の筋の緊張（筋の収縮）が必要である。目的の動作を行う直前は、意識しなくても、目的の動作に応じた筋緊張が自然に生じ、いつでも「発進可能な状態」になる。体というのは合目的的にうまくできている。これが初心者の段階では、つい余分な力が入って「過剰準備状態」になってしまう。しかし、練習を積むにつれて、そうした力みがなくなり、「適性準備状態」がスムースに成立する。

(4) 種目によって〈最適リラックス〉の程度に違いがあるか

一番望ましい〈最適リラックス状態〉とは、力みのない状態から目的動作を素早くかつタイミングよく行うことができ、自己の最大限の技量が発揮できる心身の状態である。こうなると、それは仰臥姿勢での安静閉眼時のように体の各部位の筋緊張が極度に低下して楽にした状態とは当然異なる。同じく「リラックス状態」とはいえ、その度合いが異なる。このように考えると、目的動作を行う直前の最適な筋緊張の状態つまりは〈最適リラックス状態〉は一様ではなく、種目ごとに異なる。それは、目的動作を行う直前の構えや体勢がそれぞれに異なり、また用具を使用するかどうか、さらには実際の目的動作は一様ではないからである。

たとえば、腕相撲がわかりやすい。「レディーズ、ゴー!」の合図の直前に、構えている状態で腕にまったく力を入れていなければ、「ゴー!」の合図で対戦相手に後れを取ることなく、使う腕をはじめ全身の各部位に素早く必要な力を入れることは容易ではない。構えのポーズ段階で対戦相手や審判員に感知されない範囲内で、ある程度の筋の収縮がぜひとも必要となる。

対戦相手と体を触れ合わせて闘う柔道やレスリング、相撲などと、離れて構えて闘う剣道、フェンシング、空手道、ボクシング、テコンドーなどとでは、構えている際の緊張 - 弛緩の程度は異なるはずである。また、同じ球技類でも、野球、テニス、バドミントン、卓球とでは、対戦相手との距離が異なり、用具を使ってボールを打つので、構えている際の身体各部位の筋の緊張 - 弛緩の度合いは同じではない。このように、種目ごとに〈最適リラックス状態〉がある。

また、対戦中のその時々の状況における〈最適リラックス状態〉も一様ではなく、状況により異なる。さらには、習熟度（上達の程度）や人によっても、多少の相違がある。なお、最適な筋の緊張―弛緩の程度については、通常、選手は練習や試合経験をとおして体で覚えていく。

しかし、それだけではなく、練習や試合をとおして、自分にとっての〈最適リラックス状態〉を頭でも覚えておくことが肝心である。それはプレー、演技の開始や、それに続く一連の目的動作の遂行に際して、〈最適な準備状態〉となっているかのセルフチェックが欠かせないからである。

こうして、スポーツ選手は誰もがプレイヤーであると同時に、セルフチェッカーであり、さらにセルフディレクターでもある。まさに、一人三役である。このように、異なった作業を並行して行う能力が十分に身についているかどうかが、勝敗の分かれ道となる。

第三節　「ペース」の意味と重要性

1．ペースとは

「ペース」は『広辞苑』〈文献⒀〉に、「歩調。歩速。また、物事を進める度合・速度」と記されている。使用例には、「マイペース」「ペースを上げる」とある。

人間の行動や日々の営みには、同じ状況の下でも早い遅いなどの個人差がある。つまり、誰にも自分なりのペースや固有のテンポがある。〈自己固有ペース〉〈自己固有テンポ〉といってもよい。しかも、状況の変化や時間的経過のなかで必要に応じて自己のペースを変更し調節することもあろう。それぞれの状況に見合ったペースの維持や調整、配分が肝心だ。

意図しなくても、疲労によるペースダウンや精神的変化にともなうペースの乱れなどでペースに変化が生じることがある。ときには調子があがり、ペースアップすることもある。体調がとてもよいときや、成長途上の若者ではとくに起こりうる。自己新記録や大会新記録が出ることもあろう。

ペースはとても大切である。競技中に自己本来のペースが維持できるかどうか、あるいはその時々の状況に見合ったペース配分ができるかどうかが、勝敗に大きく影響する。それぞれの種目には特有のペースがある。マラソンや駅伝競走、一万メートル走などの長距離レースをはじめ、各種球技類や格技種目など対人競技においては、競技や試合の展開過程でそのときどきの状況に応じたペースの維持と調整が肝心である。たとえば、じっくりと進めていったり、あるいは勝機を逃さず一気に走り込んだり（攻め込んだり）などである。一本調子の単調な試合運びであれば、つまりペースチェンジをしないままでの試合運びでは、勝てるはずの試合・競技も勝機を逃してしまい、勝てずに終わる。

競技時間が短い種目でも、「ペース」がキーワードとなる。体操競技やフィギュアスケート、アーティスティックスイミング、あるいは空手道の形種目などは、単に正確かつスピーディに演技するだけではなく、一連の動作や技の流れがとても大切である。具体的にいえば、一連の動作や技の展開過程で、力の強弱やスピードの緩急をつけ、しかも強弱と緩急の切り替えをタイミングよく行うというメリハリが大切である。そのうえで、演技・演武全体としてのまとまりや調和が肝心である。

有利に試合を運んでいるときには無理な攻め方をして勝ち急いだり相手のペースに引きずり込まれたりせずに、それまでのよい流れや自己のペースを維持することが大事だ。

2. ペースは精神的な要因や状況で変化しやすい

一連の動作や挙動のタイミングがわずかながらも早かったり遅かったりすると、しかもそうした乱れが二度、三度と生じるとなると、ペースを乱してしまう。緊張したり、あわてたり、ミスをしたりすれば、つい自己本来のペースに狂いが生じやすい。場合によっては演技、演武、試合が台なしになりかねない。

空手道の組手種目やボクシング、テコンドー、フェンシング、剣道などでは、対戦相手のリズムやペースに惑わされ、自己のリズムやペースを乱してしまうことがある。また、マラソンでは、ある選手がいきなりダッシュしてそれにつられて別の選手もペースを上げることがある。うまくいけばよいが、途中で息切れして失速につながることもある。

3. 状況やコンディションに応じたペース調整

どの種目でも状況やその日の自己のコンディションに応じて弾力的にペースを変えながらも、適切なペース配分とペースチェンジを試みつつ、全体として自己のペースをきちんと守っていくことが肝心である。そのうえで、マラソンの場合ならば自己の限界に向かって全力疾走することだ。まさに、自分との無言の闘いである。

前章では「勝ちを急がないこと」に言及したが、実際の試合運びで自己のペースを乱すことなく維持し、しかもその状況にふさわしいペースを機敏にとらえて乗り遅れずにペースチェンジをはかっていく。このように、気持ちや考えと動作の遂行が一つになって目的を果たす状態が理想的である。

第四節　タイミングの意味と重要性

1．タイミングの意味

「タイミング」とは『広辞苑』〈文献(13)〉によると、「適当な時を見計らうこと。適時を得ること。また、ちょうどよいころあい」とある。「タイミング」の用例はさまざまある。それほど、タイミングは大事で、動作や挙動においてはとくに大切である。

剣術における「無刀取り」や「真剣白刃取り」は、まさしくタイミングの問題そのものである。わずかな遅れはもちろん、その反対にわずかに早くてもいけない。ちょっとしたタイミングのズレは即、致命的な結果となる。的確なタイミングは、あらゆる種目に共通する〈勝利の要因〉である。

2．タイミングが生かされるには

一対一の対戦においては、いかなる間合でも、攻撃や防御動作のタイミングがうまく取れて対戦相手よりも素早い動きができれば、相手の攻撃は怖くない。互いに構えて向かい合っている状況で、自分のほうから勝負の間合に入っていき、そこを相手に攻めさせる。相手の攻撃の兆しをいち早く見抜いて、「先の先」で相手よりも速く攻めるなり、相手の切りかかってくる剣を素早く払って切り返すなり、あるいは一突きに刺すなりして相手を仕留める。

タイミングの良否に加えて、攻撃動作（突く・蹴る・打つ・切る・刺すなど）や防御動作（払う・はずす・かわすなど）の素早さは不可欠である。つまり、攻撃や防御動作の反応潜時を短くして、しかも対戦相手よりも素早く攻撃や防御動作に入る。こうしてはじめて、タイミングのよさが実を結ぶ。間合だけにこだわっていては、致命的な結果になりかねない。

タイミングがわずかながら遅れたとしても、反応潜時が短く、かつ攻撃動作が対戦相手の攻撃動作よりも素早ければ、相手を仕留めることができる。つまり、「先の先」が見事に決まる。まさに、〈タイミングとスピードの連携〉による〈タイミングとスピードの合わせ技〉であり、この二つの要素をワンセットにして考えることによる成果である。「勝負の要は間なり」ではなく、「勝負の要はタイミングとスピードなり」なのである。

こうして、間合論を越えたところに勝負の秘訣があり、極楽の境地が成立する。ここで読者は、格言「虎穴に入らずんば、虎児を得ず」を連想したかもしれない。勝利を手中に収めるには、あえて危険を冒すことも必要だ。反対にタイミングがうまく取れて、十分なスピードで動作ができれば、そこは危険ではなく、むしろ成功・勝利が実現する特殊な時空（ラッキーゾーン）なのである。それは練習によって可能となる。とりわけ野球のバッティングを思い起こしてほしい。時速一五〇キロを超えるスピードボールを、有能なバッターはいとも簡単にヒットやホームランにする。

タイミングがきちんと見計れなければ、また対戦相手と互角であれば、「間合」に留意し間合に頼らざるを得ない。また、その日のコンディションによりタイミング調整がうまくいかない場合は、間合いを重視して戦うことになる。ここで「頭の切り替え」（メンタルギアチェンジ）を的確に行うことが肝心となる。迷いのない一瞬の判断・頭の切り替えを要するところである。闘いにおいては、わずかな時間への鋭い感受性とそれに続く適切かつ素早い対処と反応が不可欠なのである。

第五節　スピードに関する科学的基礎知識

1. スピードを科学する

百メートル走や二百メートル走など各種競走種目や競泳種目、スピードスケート、ボート競技、トライアスロンなど、タイムを競う種目においては、動作や技のスピードが無視できない。動作の素早さや技のスピード（速さ・速力）が大切なことは、スポーツファンならば誰もが知っている。しかし、身体運動のスピードは、必ずしも正しく理解されてはいない。

多くの人は、筋力トレーニングをすればスピードがアップできると信じていないだろうか。一見それは正しい気がするが、厳密にはそれだけの知識では十分とはいえない。スピードアップのためか、それともパワーアップのためかで、筋力トレーニング法は異なる。

スピードや筋肉についての正しい理解とは、諸科学の知見に基づいたものである。スピードを科学的に考えるとき、①力学的知見、②解剖学・生理学的知見、③筋力トレーニング法に関する知見、④栄養学的知見、⑤心理学的知見などが大いに参考になる。力学的知見に関しても、速さ・速度・加速度・等加速度・等速運動・等加速度運動・等加速直線運動・等速円運動・相対運動・物体の重心・衝突・衝撃・衝撃荷重・力と運動の関係・力と加速度の関係・力と速度の関係・仕事量と力の関係・力のモーメント・慣性力・遠心力・向心力・重さ・質量・重力・万有引力などの要素がある。

2. スピードには意識が大きくかかわっている

初心者の段階から誰もがやってきたことの一つに、次のようなことがある。とにかく速く歩こう・速く走ろう・速く突こう・速く蹴ろう・スピードボールを投げよう・素早くバットを振ろう・素早くラケットを振ろう・素早くダッシュしよう・素早くスタートを切ろう・素早く矢を投げよう、などである。日々の練習に取り組む中で、確かにその成果を実感できる。

選手なら誰もがスピードを過剰に意識する。また、格技種目や球技種目など対人競技種目では、どの選手も対戦相手の動作の機敏性や技の速さには敏感であろう。ただし、何もかもガムシャラに、ただ素早く行えばよいというものではない。種目やプレーの状況によっては、スピードを抑えることも必要である。つまり、プレーの流れ・状況に見合ったスピードで目的動作を行うことだ。

3. スピードに関する心理学的知見

動作や技のスピードは、心理学では学習心理学やスポーツ心理学の研究テーマになる。上達の度合をチェックする際の目安（「指標」あるいは「インデックス（index）」という）として、時間に関する指標がある。それは「反応潜時」と「所要時間」の二つである。

(1) 反応潜時

ある特定の刺激や状況、手がかり、合図などに対して、一定の反応や動作が生じるまでの時間を「反応潜時」という。たとえば、「用意、ドン！」のピストルの合図が鳴って（時刻 t_1）から、走り出す（時刻 t_2）までの時間（$t_2 - t_1$）のことである。通常、これは秒単位で表示される。$t_2 - t_1$ の値が小さいほど反応潜時は短い、つまり動作開始が素早い。通常、練習によって徐々に反応潜時は短縮していく。反応潜時が小さいほど上達していることになる。その結果、たとえば完走する・打つ・突く・蹴るなど目的動作を終えるまでの時間（所要時間）も短くなるはずである。

反応潜時を最小限にすることは、練習・稽古・トレーニングの課題となる。このことからもスポーツは〈自己の限界へのチャレンジ〉であると直感できる。それだからこそ、科学の力や知恵を活用してはどうかと思うのだ。

反応を引き起こす刺激や手がかりは、外部的なものだけではない。本人自身の意図や判断が反応生起・挙動開始の刺激となっている。随意筋のはたらきは、本人の意図によって生起する。スポーツ活動は、随意筋をふんだんに使う高度な営みである。「攻めるのは今だ！」とか「さあ、今だ！」という一瞬の判断（時刻t_1）が行動・動作（時刻t_2）を引き起こす。この場合、t_2-t_1の値が小さいほど反応潜時は短い、つまり動作が素早く行われる。それには日々の反復練習が大きくかかわる。

(2) 反応潜時を短縮する工夫

では、反応潜時を短縮するにはどうしたらよいだろうか。それには次の二つが要件となる。

第一に、心身のリラックスをきちんとはかることである。もし、不要な力が入って力みが生じると、それだけ反応開始は遅れる、つまり反応潜時が大きくなってしまう。運動開始にとって、力みは摩擦ないしブレーキとなるからだ。動作や技など身体活動を生じさせるには、まずはそのむだな力みを取り除く必要がある。たとえるなら、力んだ状態での挙動（動作開始）は、サイドブレーキのかかった車を発進させるようなもので、動き出すまでにわずかながらもむだな時間がかかる。とにかく力みのない状態からの動作開始が肝心だ。

第二に、瞬時の動作を意識し、そうするよう心がけることである。たとえば、百メートル走などの競走種目では、「位置について」の合図から「用意、ドン！」のピストルの音が鳴るまでの時間間隔を覚えておき、「ドン！」の合図と同時にスタートが切れるよう練習しておく。フライングしないようにかぎりなく反応潜時を短縮していく。

格技種目の場合は、攻撃のチャンスをいち早く感じ取り、迷わず、反射的に素早く攻撃技を繰り出すよう心がける。そのためには、一瞬の油断も、わずかな気の緩み・不注意もあってはならない。精神を集中させ、相手の微妙な動きや様子をよく見ながら相手の動きをよく読む。その際、平常心は維持しておきたい。しかも素早く反応するにはわずかな力みがあってはならない。文中で「心がける」に線を付したことには意味がある。日頃の練習や稽古において、素早く挙動しやすい正確な体勢の下に、「ここぞ！」というタイミングを見計らって、「素早く挙動しよう」と心がける。時間を競う種目においては、自己最高の記録を出すためにこそ、「これまで以上に速く走ろう（泳ごう）」と思う意識が欠かせない。日頃の練習でのこの繰り返しは、あなどれない。

要するに、瞬発力のアップやスピードアップのためには、素早く挙動しやすい正確な体勢（フォーム・構え）と「素早く挙動しよう」とする意識（心がけ）が大事なのである。このように反復練習を積んでおけば、体が次第に素早く反応できるようになる。そうなるとことさら意識しなくても必要な状況で素早い挙動開始ができる。そして、いずれ自己の限界にかぎりなく近づくようになる。これぞ、まさしく「練達自然」というべき境地である。

(3) 所要時間

ある反応や動作、運動が開始されてから終了するまでの時間のことを「所要時間」という。ただし、百メートル競走や二百メートル競走、マラソン競走など時間を競う種目においては、「用意、ドン！」の合図から、所定の運動（走る・泳ぐなど）が完了するまでに要した時間が所要時間である。反応潜時が短く、しかも速く走る（泳ぐ）ことがタイム（所要時間）の短縮につながる。これは時間を競う競技の〈勝利の条件〉である。

なお、格技種目や球技類においては、反応潜時が短く、目的動作（突く・蹴る・投げる・打つ・振る・走るなど）の所要時間が短いことに加えて、動作開始のタイミングの良し悪しがとても大切な条件となる。タイミングが一瞬遅れてもいけないし、その反対にわずかに早くてもいけない。

(4) 所要時間を短縮する工夫

完走する、攻撃する、打つ、投げる、突く、蹴る、回転するなど、実際の目的動作をできるだけ短時間で行うには、どのような工夫が必要であろうか。この場合も、基本的には反応潜時の短縮のための方略と変わらない。力まず、とにかく速く動作しようと心がける。力みがあっては、それはブレーキとなってしまう。試合中にスタミナ切れにならないよう、日頃からの養成が欠かせない。

マラソンをはじめ駅伝競走、一万メートル競走などの場合、自己のコンディションをきちんと把握しつつ、それに見合ったペースを心得て、そのペースを乱すことなく、またまわりの選手のペースに惑わされることのないよう心がけて、できるかぎり速く走る。疲れていても、スピードダウンしないように歯をくいしばってがんばることが大事である。ここにも、速度の維持と速度低下の防止には、

意識のはたらき、つまり辛抱や勝ちへのこだわりが不可欠となる。最後は根性である。実際、根性の差が勝敗の分かれ道となるデッドヒートが少なからずある。

以上、スピードは単に生理学的な問題・テーマではなく、いざ競技や闘いが始まれば、それには意識のはたらきが重要な役割を果たす。また、古来、戦闘やスポーツで根性が重視されてきたことには一理ある。実際、闘いが始まれば留意すべきことは的確な認知・判断・ヨミ、感情の制御、それに意志力（辛抱・勝負強さなど）など、精神面のはたらきなのである。むろん、体力と実力を存分に発揮するためである。

第六章
競技中の目配り・気配り

第一節　目の使い方も技のうち

慣用句に、「目は口ほどに物を言う」（情をこめた目つきは口で話す以上に強く相手の心をとらえること）というのがある。また、「目は心の鏡」「目は心の窓」（目はその人の心を映し出す鏡のようなもので、目を見れば、その人の心の正邪のほどがわかるという意味）などがある。とにかく、相手の目を見ていると、その時どきの相手の心情や意図、それに人となり・性格などがわかりやすい。

古来、武術では、「目つき」といい、目の使い方が重視されている。今日のスポーツにおいても、目の配り方・目の使い方は、勝負の成否にかかわる重要な役割を担う。発生学によれば、眼球は脳の飛び出した器官であり、外界の状況を的確にキャッチする重要な役割を担う。私たち人間は、視覚優位型の動物、つまり視覚的動物である。たとえば、美術品の価値を正しく評価できることを「目利き」という。「目盛」という言葉からは、測定に関しても視覚が重要な役目を果たしているとわかる。

とりわけ格技種目では、目の使い方に工夫を凝らすとともに、対戦相手の目つき、眼差し、表情をはじめ、体全体の動きから相手の意図や気持ちを見抜くことが大切だ。これを筆者は「目技」と呼ぶ。眼の使い方も戦力となり、技となるのだ。

1．五輪書に見る〈目の使い方〉

(1) 「兵法の目つきのこと」

『五輪書』「水の巻」には「兵法の目つきのこと」という項に次のように目の使い方が記されてある。

兵法における目の配り方は、大きく広く配るようにすることである。ものごとを捉える目の使い方には、観と見の二つがあるが、観の目を強く、見の目は弱くする。遠くのものは近くに引き寄せるようにして的確に捉え、近くのものには捉われず、それを遠くに引き離すようにして見ることが、兵法ではもっとも大切である。敵の太刀の道筋を見抜き、いささかも太刀の見かけの動きに惑わされないことが、兵法では大事なのである。そのようにできるよう工夫してみる必要がある。この目の使い方の心得は、一対一の戦いにおいても、多人数の合戦においても同じことである。目玉は動かさないようにして、両わきを見るようにすることも大切なことである〈文献(7)30頁より引用〉。

このような事柄は、戦いの忙しいときに急にできるものではない。つね日頃から、このような目つきとなって、何事においても目つきが変わらぬよう、十分に修練すべきことである。

(2)「観」と「見」についての新しいとらえ方

『五輪書』に書かれた「観」と「見」の説明は、じつに見事な表現ではある。しかし、これだけでは比喩的な表現であって、いまひとつ具体性に欠けてわかりにくい。また、従来、「観の目とは心眼で観ることであり、一方、見の目とは肉眼で見ることである」という解説が流布しているようだ。これも正直なところ真の意味がわかりにくい。これでは実践の場に役立てられない。そこで筆者はかねがね、次のように解説してきた。

①はっきりとは見えない状況について

「観の目」とは、まず一つには、陰の部分や、暗やみの状態、さらには遠くのもの(事物・人物・状況など)といった肉眼では直に確ととらえることのできない事柄や状況については、推測をはたらかせつつ注意深く見るようにする。たとえば、「もしかしたら、あそこの物陰に敵が潜んでいるかもしれない」とか、「もしかしたら、あの辺りに敵が潜んでいるかもしれない」あるいは「あの部屋に敵が潜んでいるかもしれない」などと用心深く推測しつつ、その方向や場所をよく見るようにする。そして、そのように推測した事柄が事実かどうか確認してみる必要がある。このように、「観の目」とは、肉眼で直に確認できない事柄・状況について用心深く推測してみることである。

以上を心得ていれば、危険状況を見落とすことなく早めに察知でき、戦いの状況下に後手に回ることもなく、先手、先手で対処できるようになる。こうして、適切な「先手」の対処は、用心深く的確な認識活動の上に成り立つ。つまり、①状況把握(認知)、②いかに対処すべきかの判断、③それに続く動作(操作)の三つが素早くしかも的確にできなくてはならない。判断と対処のいずれにも一瞬の迷いや遅れがあってはならない。勝負においては、見誤ったり迷い遅れたりしたほうが不利となる。

②相手の意図について

「観の目」の二つ目の意味は、対戦中の相手の攻撃意図を見抜くよう努めることである。これも陰の部分に対する把握であり、むろんヨミや洞察力が必要となる。通常、敵の攻撃動作が実際になされてからでは、防御対応は遅れる。したがって、その前段階での見抜き（ヨミ）がどうしても必要となる。相手の攻撃動作が素早いときは、とくにそうである。

③先々の状況について

「観の目」の三つめの意味は、物事の先々の様子を予想（予測）することである。この際、最良から最悪の状態まで、さまざまな可能性を推理する。先々のことを推測するのであるから、「予測」「予想」である。たとえば、「もしかしたら敵はこちらの方面からやってくるかもしれない」とか、「敵はきっと夜襲攻撃をしかけてくるであろう」、あるいは野球でいえば、バッターとして、「今度はストレートではなく、変化球かもしれない、それも外角低めのボール球かもしれない」などと予想するなどである。なお、予想の精度を高めるには、手がかりや対戦状況の流れをきちんととらえることが肝心だ。

このような予想には、間違いや勘違いも少なからずある。しかし、何もせずに時を過ごすよりも、はるかにましだ。予想がはずれたとしても、それは許される誤りといえる。しかも時間的経過のなかで、状況の変化に応じて絶えずその確からしさ（もっともらしさ）をチェックしながら、しかも必要であれば予想内容を修正したり、あるいはがらりと新しく予想し直したりしてみる、つまり、〈予想のリセット〉である。ここに知的柔軟性や発想の大胆さが要求されるのは当然である。

それは、格技種目の勝負において絶えず間合を調節するよう心がけるのと、基本的には同じ理屈である。じつは、間合をはかったり、間合をつめたり、あるいは一瞬のうちに間合をはずしたりするのも、一瞬の予想によっている。つまり、「この間合であれば、防御（攻撃）は大丈夫である」と思って、その間合にするからだ。ただし、うまくいくこともあれば失敗することもある。この点は、格技種目の経験者ならば誰もが知るところである。

以上が、『五輪書』にいう「観の目」についての筆者のとらえ方である。そのように「観の目」の意味をとらえて日々の生活やスポーツに活用していけば、そうしないよりは結果がかなり違ってくる。しかも、筆者の解釈には、実行行為に先立ち、推測・ヨミ・予測がきちんと組み込まれているため「後手」ではなく、「先手」の発想が見てとれよう。真剣勝負では後手は許されない。後手は、即刻負け、敗因につながると心得ておくがよい。とにかく、先手（「先の先」「先」「後の先」の三つの先）が大切である。これが、生死をかけた剣の理法である。

このようにふみ込んで「観の目」をとらえておけば、武蔵の意図や主旨も十分にいかされるものと確信する。「観の目」は、むろん今日のスポーツにも活用できる。これができないようではハイレベルの結果は得られない。

2. 競技場の特徴や状況を把握する

大会会場に到着したら、まずは競技場・会場の特徴を把握する。少しでも早く競技場に慣れるためである。その際には大きく広く目を配るようにする。目配りが偏ってはよくない。全体を見ずにかぎられた箇所のみに目が奪われたり、異変に気づかなかったりしてはいけない。

ときには会場全体が普段の練習場とは大分異なっていると感じることもあるだろう。床やコートの感触と滑り具合、戸外での試合の場合は日差しの方向と強さ、風向きと強さ、気温や湿気などはしっかりと把握しておく。日頃の練習場とどくに変わらないと感じれば、それが一番である。そこまではいかなくても、とくに違和感がなければ一応は一安心である。

また、そうした事柄は試合中に時間的経過とともに変わることもある。そうした競技場の変化はプレーや勝敗に大なり小なり影響するだけに、それをきちんと把握しつつ、その状況に見合ったプレーを行う気持ちの余裕と賢さが必要である。

3. 対戦相手の特徴や意図を見抜き、動きをきちんととらえる

(1) 対戦相手の意図を見抜くための主な手がかり

格技種目や球技種目などの対人競技では、対戦相手の特徴をとらえるとともに、試合中の相手の意図を見抜き、相手の動きを見落とさないことが肝心である。ここに、格技種目における対戦相手の意図を見抜くための主な手がかりを示す。

①相手の目つきや視線の微妙な変化

②相手のフットワークやフェイント技のリズムの変化
③相手の上体の動きの微妙な変化
④相手の体勢や上体・足の向きの変化
⑤相手の緊張やリラックスのほどの変化
⑥相手の何らかの仕草の出現・変化
⑦相手の間合の取り方の変化
⑧こちらのフェイント技に対する相手の反応

相手が攻撃をしかけてくる前の段階で相手にそのような変化や兆しが見られたら、多くの場合、相手は攻撃をしかけてくることが少なくない。日頃の練習や稽古の中でしっかりと検討し、すでに知っていることは再確認してほしい。いずれについても、きちんと納得することが大切である。納得していない事柄は心底から実践するのは容易ではない。

(2) 注視点ないし着眼点を変えてみる

人物や自然現象、出来事など対象物（事物・事象）をよく見るときに、その注視点ないし着眼点、あるいは見る方向・角度などを変えてみる。これは「観点変更」という知的方略である。観点変更により、同じ物・同じ状況でも、まったく別世界がそこに現れることがある。見栄えのすることもあれば反対にまったく絵にならない光景が映し出されることもある。ときには新たな発見も可能となる。

この、〈注視点ないし着眼点の変更〉は、絵を描くときや写真を撮る際の基本的なスキルともなっている。よく知られるように、カメラアングルを多少変えただけで出来栄えが違ってくる。まさに、

〈アングル効果〉である。観点変更は、発明・発見にも大いに貢献している〈詳細は、文献(9)を参照されたい〉。

スポーツにおいても、古来この方略が実際に活用されている。広いグラウンドで行われる種目においては、とくにそうである。たとえば野球において、太陽光線がまぶしい場合、守備側の選手は顔の向きを多少変えたりして、光線が直に目に入らないよう工夫する。こうすれば、難なくフライボールが捕球できる。また、野手は打者に応じて守備位置を変える。ときに大幅にあるいは微調整の範囲で守備位置を変える。こうすれば、打者をアウトにでき、また被安打のダメージを最小限にくいとめられる。このような守備方略は、むろん守備位置の変更・調整であり、「観点変更」の応用と考えられる。

サッカーやラグビー、アメリカン・フットボールにおいては、広いグラウンド全体の、刻々と変わる状況を的確にとらえつつ先々のゲーム展開が読めるよう、絶えず目配りを行うことが大事だ。見落としがあったのでは、勝てるはずの試合も負けてしまう。そうした事態を避けるためには、〈賢い気配りに基づく適切な目配り〉が欠かせない。ただ単に体を使うだけではなく、絶えず状況判断をきちんと行いながらプレーする。それは車の運手と同じく、〈認知→判断→操作〉の一連の的確なワンセットである。ここにも、観点変更の大切さが洞察できよう。

(3) 対戦相手の立場になって見る・考える——立場置換の方略

実生活では、自分の立場と相手の立場を置き換えて考えてみることが大切である。たとえば、「もし自分が、~さん（君）であったら、どうであろうか?」とか、「もし自分が、~さん（君）の立場であったら、どう思う（感じる）であろうか?」と考えてみる。こうすれば、相手のつらい気持ちが手に取るようにわかり、また相手の考えや意図も読めてくるであろう。まさに、「もし立場を変えて見たら」という発想、つまり「立場置換」という認知方略の効用である。

「立場置換」の方略は、さらに教育現場やスポーツの分野、犯罪捜査をはじめ、心理学、精神医学、生態学、歴史学などの研究分野においても有効な知的方略として活用できる。たとえば、対人関係やカウンセリングにおいて共感的理解をはかろうとする場合、相手やクライエントの立場に立って考えてみるのである。

『五輪書』にも、対人的立場の変更についてきちんと記されてある。「火の巻」は「敵になるということ」において、立場置換の有効性が説かれている。「敵になるというのは、我が身を敵の身になり代わって考えよ、ということである」〈文献(7)60-61頁〉。つまり、敵の立場に立って闘いの状況を考えてみれば相手の心の内も読め、敵の弱点も見えてきて、おびえたりする必要もなくなり、冷静かつ有利に戦うことができる、というのである。武蔵は、二天一流をあみ出しただけでも創造性豊かな武芸者であるが、観点変更の大切さもきちんとわきまえていたのである。

第二節　対戦中の目の使い方は

1．目つきの基本は

空手道・ボクシング・テコンドー・剣道・フェンシングなど、対戦相手との間合がある程度離れて立ち構える格技種目における攻撃の際の目つきに関しては、まず目玉は動かさないよう、また表情が変わらないようにすることが肝心である。もし、こちらが目玉を動かしたり、眼つきが変わったりしたら、また顔つき・表情を変えたりしたら、対戦相手は警戒して反射的にステップバックしたり、こちらの攻撃をそらして「後の先手」で反撃してくるかもしれない。

目つきも技と同様に試合中ににわかにできるものではないだけに、つね日頃から十分に訓練しておくことが大切である。

2. 防御の際の目つきは

では、対戦相手が攻撃をしかけてきたとき、わが方として、目つきはどうあるべきか。まず、相手が上段をねらって攻めてきた際は、間違っても瞬きをしたり、目を閉じたり、あるいは顔を背けたりしないことだ。そのようにしたら、「技有り」や「一本」などポイントを取られたり、ときに防御し損なって顔面部をけがしたりしかねない。

相手の攻撃技をかわすべくステップバックしたり、体をかわしたりする際も、つねに目玉は相手の目から離さないようにすることが肝心だ。これも、一朝一夕にできることではないので、つね日頃から十分に練習を積んでおく。

もし、自分の目（視線）が相手の目からそれたら、素早く相手の目を見るようにする。とにかく、見ていない時間（スキの一瞬）を最小限にする。対戦相手は、こちらのスキの一瞬をとらえて、すかさず攻めてくるであろう。なお、立場を変えていえば、対戦相手が一瞬でも視線をそらしたら、その瞬間がわが方の攻撃チャンスであり、そこをすかさずとらえて素早く一気に攻めるようにする。まさに一瞬の攻撃である。

目の動き（眼球運動）が素早くできることは大切である。相対しているときの目つき、攻撃をしかける目つき、防御の際の目つき、加えて〈はずれた視線の素早い修復〉のいずれもが技のうちであり、「目技」と称するに値する。目つきや目の微細な動きも練習、稽古のうちであり、技の習得の一環である。日々の練習をとおしてしっかりと身につけることが大切である。

こうして、練習・稽古して鍛えるとは、骨格・筋肉や呼吸・循環機能などの部分だけではなく、感覚器官や中枢神経系も含めて全身を「武器化・武装化」することなのだ。つまり、身も心も頭もすべてスポーツマンとなることである。

3. 相手を惑わす目の使い方

空手道の組手競技、テコンドー、剣道、フェンシングなど格技種目や、卓球、バドミントン、テニスなどの球技種目では、攻撃の際の眼つきや視線を工夫することにより、相手を惑わすことができる。たとえば、空手道の組手競技において、相手の目を見ながら上段突きをするという顔つき・目つきで、中段蹴りを出したり足払いをしたりして相手の体勢を崩して攻めたりするなどである。このような目の使い方は、高級なものであり、積極的な目技である。

対戦中に意図的に視線をそらすと、対戦相手はチャンスとばかりに攻撃をしかけてくる。相手が、「攻めよう」「攻めたい」と躍起になっているときはとくにそうである。対戦中に意図的にスキのある構えをしてみるという戦略、つまり「誘いの構え」が考えられよう。そして、その発想を目の使い方にも試みる。筆者は、それを「誘いの目つき」と呼んでいる。何事も「習うよりも慣れよ」である。

以上のように、ここでは、具体例としておもに格技種目を取り上げたが、ほかの種目においても、それぞれに具体的な対処法が考えられる。ここで述べてきたことを参考にしていただけたらと思う。

第七章
競技中の技の工夫

実践的な対応や試合運びに関して、もう一つ不可欠な事柄がある。それは技の工夫である。ここでは、対人競技における挙動や攻防動作などの実践的な対処法について述べる。

第一節　自分の弱点をカバーする

1．悪いクセをもろに出さない心がけ

どの種目でも技術的にパーフェクトな選手は、そう多くはいない。スポーツを本格的に始めてから五〜十年しかたっていない選手の場合、とくにそうである。トップレベルの選手ですら、不足や欠点・弱点はあり、まったく死角がないという選手は皆無であろう。そもそも対戦中には非日常的で難度の高い動作や技を競うわけであるから、ミスも生じやすい。対人競技では実力が伯仲すると、得意技も思うようには決まらない。あくまでも、勝敗・優劣は相対的なものである。

そうとはいえ、パーフェクト状態に向かって日々練習にはげむことは、とても大切なことである。さらなる上達をめざすとは、そのようなことである。いわゆる、「より速く、より高く、より強く、より完璧に」をめざして、日々、一生懸命にトレーニングにはげむことだ。しかし、このように努力しても、誰もが何らかの不足・弱点・欠点を抱えた状態で大会に臨むのが現実である。

そこで、選手にとっては、試合や競技会で自己の欠点・弱点・クセがもろに出ないように十分に留意することが肝心となる。

2. 大会当日のコンディションを把握し整える

大会当日、ベストコンディションで競技に臨んだとしても、自分の出番が近づいてくると、変に緊張が高まってくることがある。こうなると、普段ならばしないミスが出たり、悪いクセがもろに出たりする。この点は対人競技にかぎらず、どの種目にもあてはまる。とくに体操競技、フィギュアスケート、空手道の形競技などにおいては、ウィークポイントがもろに出ないよう留意する。

そこで、勝利の条件の一つに、「自分のコンディションを知ること」が掲げられる。

3. コンディションに応じた試合運びを工夫する

大会当日、普段とはコンディションが違うとか、良好でないことがあろう。また、トーナメント方式で前の試合で負傷することもあろう。このような場合、調子のよいときとは違って、ついあわてたり、あせったりしてミスが出やすくなる。また、それに連動して心身のリラックスが不十分になり、リズムやペースに乱れが生じてスピードがダウンしたり、タイミングが狂ったりする。こうなると、普段ならば決まるはずの技が思うように決まらなかったり、相手の策に簡単にはまったりする。その結果、容易に勝てないばかりか、簡単に負けてしまうこともある。

コンディションが万全でない場合は、とにかく心身のリラックスを十分にはかり、けっしてあわてたり、あせったりすることなく、自分の持ち味を発揮するよう落ち着いて冷静に対処することだ。そして、技の上でもそれなりの工夫が必要になる。挙動のタイミングの調節や、実際に使う技の精選(無理なことはせず、手堅い技を使う)などで対処する。

たとえば、格技種目においては、普段よりも間合を多少遠めに取るなり、攻撃や防御動作のタイミングが遅れないよう心するなどである。また、「先手」で攻めようとあせらずに、「後の先」で対処できれば、それに越したことはない。そのためには、日頃の練習で「先手」や「先の先」技に限定するのではなく「後の先」の技もしっかりと身につけるよう心がける。相手に攻めさせて、きちんと「料理する」という対処法である。相手に攻めさせ、受けて立って勝つのである。

以上のように、具体例として主に格技種目を取り上げたが、ほかの種目においても、それぞれに具体的な対処法が考えられる。

第二節　相手のリズムやペースに巻き込まれないこと

自己のリズムやペースを乱すことなく、また、相手にかき乱されることなく、それらをきちんと維持していくことが大切だ（第五章参照）。ここでは、ボクシングや空手道の組手試合・テコンドー・柔道・レスリング・剣道・フェンシングなどの格技種目に焦点をあてて述べる。

1．リズムやペースを乱すことの問題性

これまでにあたったことのないタイプの選手とか、苦手なタイプの選手、あるいはリズムやペースの点でオーソドックスでない動きをする選手にあたると、ついリズムやペースを狂わしてしまう。国内の大きな大会や、国際大会ではとくにそうであろう。

一旦リズムやペースが乱れてしまうと、とくに格技種目は試合時間が短いだけに、それを立て直すことは容易ではない。ときに立て直しが難しく、自滅してしまって、勝てるはずの試合も負けてしまう。幸運にも何とか勝てたとしても、次の試合に影を落とさないともかぎらない。選手として日が浅く、物事にこだわりやすい性格であれば、とくにそうであろう。

2．その対策法は

(1) 事前の防止対策

先に述べたような好ましくない結果におちいらないためにも、事前の対策が必要である。

まずは、普段から、自己のリズムやペースを体得しておく。そして、それを頭でもきちんと覚えておく。つまり、自己の体の移動・動き・フットワーク・試合運びのペースなどをきちんとイメージ化できるようにしておくことだ。ここに、イメージトレーニングが活用できる（第十章参照）。

その理論的根拠としては、イメージが実際の身体活動を誘導すること、つまりイメージの「行動誘導機能」があげられる。〈イメージ→反応・行動〉という行動図式である。成功イメージ、正しい動作についてのイメージ、つまりよいイメージは、よいパフォーマンスや好結果をもたらす。一方、負ける場面のイメージや失敗場面のイメージなど好ましくないイメージは、実際に悪い結果をもたらしやすい。乗り物酔いなどにおける予期不安がその好例である。「また酔ってしまうのではないか」と心配になり、酔ってしまった場面をつい思い出したり、酔う場面が思い浮かんだりすると、実際に酔ってしまう。「病は気から」というように、イメージが酔いの症状を誘導する。まさに、失敗はイメージがもたらす。

イメージには、もう一つ大切な機能が認められる。それは、万一の際の〈行動バックアップ機能〉である。物事に対処していていつものように首尾よくいかない場合、イメージが〈サポーター役〉としてはたらいてくれる。試合中に自己のリズムやペースの乱れを感知したら、いつもの自分のリズムやペースを思い浮かべて、立て直しをはかる。これは、自家発電装置が常備してあれば、たとえ停電になっても困らないのと同じである。こうして、自己の普段のリズムやペースのイメージをもっていれば、万一の場合にそれを思い出すことで、リズムやペースの乱れを修正しやすくなる。

(2) 試合中の対処法

対戦したことがないタイプや苦手なタイプの選手、あるいは変則的なタイプの選手〈リズムやペースの点でオーソドックスでない動きをする選手〉と出会った場合、どのように対処すればよいであろうか。

第一に、少しもあわてることなく、冷静に試合を運ぶよう心がけることだ。〈冷静に燃える！〉である。相手のリズムやペースにかき乱されないためであるのは、いうまでもない。仮に得意技がうまく決まらなかったとしても、けっしてあわてずじっくり対処していく。なお、心身の緊張が高まりやすいので、リラックスをきちんとはかることを忘れない。

第二に、じっくり闘うとはいえ、慎重になりすぎたのではいけない。くれぐれも慎重になりすぎないよう注意することだ。ここぞと思ったら、すかさず攻め込むようにする。それが功を奏すれば、それに続いて自己本来のペースでやっていける。

第三に、自分から積極的に攻めることも忘れないことである。冷静かつ慎重に試合運びをするだけでは技が委縮してしまい、ポイントが取れずに負けてしまうこともある。自分のほうから積極的に攻めれば、相手のリズムやペースを崩すことにもなる。相手をこちらのペースに巻き込めば、しめたもの。勝利も確実に見えてこよう。

第三節　攻撃のチャンスを逃すな—相手の弱点・隙をついて攻める

1．積極的な攻めと堅固な守り

武道の世界には、古くより、「先手必勝」とか「攻撃は最大の防御なり」などの言葉がある。多くの格技種目は、試合時間が短いだけに、対戦相手よりも先に有効な技を出し、ポイントを取ったほうが有利である。それだけに、「先手必勝」の考えは闘いの基本となる。

この闘いの原則は、格技種目にかぎったものではない。各種球技類でも同じである。ポイント制のゲームや種目においては、いずれもそうである。試合の流れで、逆転のチャンスは少なからずあるにせよ、とにかく対戦相手よりも先に点を取って積極的に攻めることが基本であり、得策である。しかし、対戦相手・チームも同じ考えなので、対戦相手やチームのほうが先に点を取ることもよくある。対戦相手・チームに先取点を取られた場合には、あわてることなく点を取り返すべく、積極的に攻めることが不可欠だ。これがかなわなかったら、負けとなる。対戦相手に先取点を取られないようしっかり守るとともに、積極的に攻めることが大切だ。

2. 攻撃のチャンスは

格技種目では自分から先手で攻めるチャンスがいろいろある。整理すると次のとおりである。

①相手に心の隙があるとき（先手）
②相手に攻撃の意図が見られないとき（先手）
③相手の構え・体勢に隙があるとき（先手）
④相手が攻撃動作をおこす直前（先の先）
⑤相手が攻撃動作を終えた直後（後の先）
⑥相手が攻撃動作や体の移動をしている最中（動中の先）ほか

(1) 相手の意図や心の隙を見抜く方法は

右記の①と②は、心の内側であるだけに、外見からはわかりづらい。しかし、幸運にも、心の内面は何らかの形で外部にもれ現れる。そこを見落とさないようにする。つまり、対戦中には、相手の構えや全体の様子、表情、目つき・目の動きなどを見落とすことのないよう、気を緩めず、注意深くよく見る。そうすると、意外と相手の意図や気持ちが見抜けるものである。ただし、外見に惑わされないこと、騙されないことも心得のうちである。

空手道・ボクシング・テコンドー・フェンシング・剣道など、ある程度、間合が離れて戦う種目では、勝負開始からしばらくたつと選手は緊張が取れてくる。心身ともに本格的に始動して間もない頃である。心身の緊張が低減してくるにつれて、ほんの一瞬、わずかながらも気が抜けるというのか、ぼんやりすることがある。つまり〈心の隙〉である。対戦相手にそのような隙が生じたら、こちら側としてはそこをすかさず攻め入る。いわば、〈相手の虚を突く〉のである。

攻防のやりとりが進むと、双方とも当然ながら心身の緊張や疲労状態が生じて、ベストコンディションの状態ではなくなってくる。すると、選手は緊張を取り除く動作や仕草をする。たとえば、肩を中心に上体を軽く揺さぶるとか間合をはずすなどである。つまり、体勢・コンディションの立て直しをはかろうとする。誰が教えたともなく、ある程度の技量段階の選手にはできることである。

このような場面も、じつは攻撃のチャンスとみなせる。当の本人はリラックスをはかっているつもりかもしれないが、対戦相手の立場からすれば、そこは攻めの好機となり得る。対戦相手が間合をはずすべくステップバック（後ろに下がること）し始めたその瞬間、すかさず先手で攻め入る。ただし、攻撃のタイミングがわずかでも遅れると、相手にかわされたり、逆に攻められたりする。まさにタイミングの勝負である。

実際にそのように攻撃をしかける選手はそう多くはなく、まことにもったいない。日頃の練習で、そのような場面を想定してしっかり練習することが肝心である。このように、特定場面を設定しての練習のことを「モデル・トレーニング」と呼ぶ。さまざまな場面を想定してのトレーニングが、実践力の向上をもたらしてくれる。

(2) 相手の構えや体勢の隙をついて攻める

①隙には二種類ある―無意識の隙と意図的な隙

対戦相手の構え・体勢に隙があるかどうかは、一見してわかりやすく、とくに説明は要さないと思われるかもしれないが、じつは必ずしもそうではない。

ここぞとばかり思い切り攻めかかったら見事にかわされ、逆に攻撃をくらってしまうことが、少なからずある。相手が意図的につくった隙（「誘いの構え」ともいう）にまんまとはまってしまった場合、とくにそうである。このような「誘いの構え」という戦術は、「後の先手」を得意とする選手の使う手法である。

このようなわけで、対戦相手に隙が見られた場合、「無意識のうちに生じた隙」なのか、それとも「作戦としてつくられた隙」なのか、一瞬のうちに見分ける術を心得ておく。これは、格技種目における危機管理の一つでもある。

②相手の隙に気がついて攻め込む際の心得は

対戦相手の構えや体勢に隙を感じたら、むやみやたらに攻め込むことは得策ではない。自己の攻撃技や瞬発力によほどの自信がなければ、とくにそうである。では、相手に隙を感じた場合、どのように対処すればよいだろうか。

まずは、「こちらから攻めよう」とフェイントをかけてみる。それに対する相手の表情や様子、体勢の変化を見落とすことのないよう、よくとらえることだ。たいていの場合、対戦相手のフェイントに対しては、攻撃を避けるべくすかさず間合をはずすなり、防御体勢を取るであろう。その瞬間、あかさず一気に攻め込む選手は案外少ない。先にも述べたように、そこが攻撃のチャンスとなる。対戦相手が間合をはずすべくステップバックを開始した瞬間は、相手は無防備状態に近く、しかも反撃動作がしにくい状態にあるからだ。トップレベルの選手でなければ、とくにそうであろう。

そのようなわけで、対戦相手が間をはずそうとしてステップバックの動作をし出したら、そこをすかさず、スピーディに一気に攻め込むようにする。このような攻撃は、むろん積極的戦法の一つであり、攻撃は上段あるいは中段突きのいずれかであるが、そこは相手の体勢次第である。じつに一瞬の隙をとらえての素早い攻撃である。つまり、〈タイミング〉と〈スピード〉のコンビネーションワークである。

ところが、相手に隙を感じたとき、こちらから攻めようとフェイントをかけても、相手がとくに反応しないか、わずかながら間合をはずすなどきめ細かく反応し動く場合は、注意を要する。そのような際、相手はこちらの攻撃を誘っている可能性がある。うっかり攻めようものなら、「後の先」でうまくあしらわれてしまう。先手技によほど自信がないかぎり、相手の餌食になりかねない。

(3)「先の先」について

対戦相手が攻撃動作をおこそうと思った瞬間は、じつは相手にとっては防御動作を行うことは難しい。こちらとしては、そこを見落とすことなく素早く攻め込む、つまり「先の先」を取るのである。むろん、それはその見抜きの素早さと攻撃動作の俊敏さがあってのことである。いうまでもないが、試合においては、対戦相手も攻めようとするので、こちらとしては「先手」よりも「先の先」のチャンスのほうがはるかに多くなる。

以上を実地でよくよく検討し、納得したうえで、日頃からしっかりと繰り返し練習していくことが肝心である。攻撃動作のためのキーワードは、〈リラックス〉〈タイミング〉〈スピード〉の三つである。とにかく、リラックス状態からタイミングよく、スピーディに攻め込むことだ。

(4) 「後の先」について

対戦相手が攻撃動作を終えた直後も、こちら側には攻撃のチャンスとなる。対戦相手が「しめた！」と思えばなおのこと、そうである。攻撃を終えて防御体勢を取るまでには、わずかながらも時間がかかる。しかも、相手選手がきちんと残心をとっていない場合、そこは隙が生じる「魔の一瞬」である。そこをすかさず素早く攻め込む。

このような発想は、空手道やボクシングだけでなく、柔道やレスリングにおいても見られる。柔道でいえば、相手選手に投げ技をかけられた場合、けっしてあきらめることなく、背中が床に着かないよう空中で体勢を変えて体側部が床に着くや否や、逆にすかさず反撃に出て、相手の背中を床につけるなり、絞め技をかけるなどして勝ちを収める。それこそ、相手選手が投げるや否や〈一本取れた！〉と思った一瞬の出来事である。〈逆転の発想〉の成果であるのは明白である。武術用語でいえば、「後の先」の勝利である。むろん、そこは挙動のわずかな遅れも、スピード不足も許されない。

ところで、武術のスポーツ化の流れのなかで、今日、わが国の各種武道には「残心」が軽んじられていると、筆者は思う。残心とは、武術・武道で攻め技の後、対戦相手の反撃に備える心の構え、つまり用心のことである。もし、残心の心得がきちんとできていれば、先述の逆転負けはしない。

なお、残心は残身となって表われる。逆にいえば、残身のほどを見れば、残心のほどがわかる。このように、二つの「ざんしん」は表裏一体の関係にある。

(5) 攻撃動作や体の移動をしている最中の攻撃―動中の先

攻撃動作や体の移動をしている最中にも、隙が生じやすい。つまり対戦相手のそのような状態をとらえてタイミングよく攻め込めば、うまく決まる可能性が高い。適切な間合いの下で、タイミングさえきちんと取れれば、見事に決まる。ボクシングのクロスカウンターパンチや柔道の「返し技」がそれである。相手がしかけてきた技を切り返して反撃するわけだ。

むろん空手道にも、そうした技がある。たとえば、両者とも同じ構えになっていて、相手が後ろ脚で蹴ってきた場合、その蹴り脚を前手で払って相手の体勢を崩し、相手が横向きになったところをすかさず反対の手で逆突きによって仕留める。つまり、〈相手の蹴り技→その蹴り脚の足首あたりを前の手で払う→相手の体勢が崩れる→払った手とは反対側の手で逆突き技により決める〉という一連の流れである。また、〈相手の蹴り技→それを前の手で払う→相手の体勢が崩れる→払った手ですかさず裏拳打ちで決める〉という一連の流れも可能である。これは防御と攻撃が同じ手によっている。いずれの対処法も、見ていて見事な一瞬の反撃である。

さらに、相手が蹴ってきた際、多少後ろに下がり、つまり間合をはずして、相手の蹴り足が床に着くや否や、あるいは着地寸前に相手の足首をこちらの前脚で払う、つまり、タイミングよく足払いを行う。すると、相手は見事に横に倒れるか体勢を崩してしまう。そこをすかさず、逆突き技で決める。

同じような状況で、さらに次のような対処法も考えられる。反対構えの際に相手が後ろ脚で蹴ってきたところを手で払うのではなく、体をかわして相手の蹴りを避けながら、前の手で「上段突き」を出して決める。この決め技は「流し突き」と呼ばれる。つまり、〈相手の蹴り技→流し突き（体をかわして蹴りを避けると同時に前の手で上段突きを出して決める）〉という一瞬の対処法である。また、この際、「流し突き」の代わりに同じ手で「裏拳打ち」も可能である。この場合、体をかわした直後に「裏拳打ち」を出す。

以上のような対処法は、防御と攻撃が当時になされていて、原理的にはボクシングのクロスカウンターパンチと同じである。攻撃と防御が時間的に同時に行われることから、このような対処法を、筆者は「攻・防一体の原理（原則）」と呼んでいる。この原則による対処には、タイミングとスピードが大切であり、決まればじつに見事なものだ。

この攻・防一体の対処法は、対戦相手が「上段突き」で攻めてきた際にも可能である。つまり、両者の構えは同じ構え・反対構えのいずれの場合でもよく、相手の「上段突き」に対して、こちらは体をかわしながら前の手で「流し突き」を出すか、多少後ろに下がるや否や反対の手で「中段逆突き」を出すか、それとも多少後ろに下がるや否や前足で「足刀」か「回し蹴り」を出すのである。このように空手道においては、「攻・防一体の原則」による対処法は多種多様である。モデルトレーニングの考えに依り、きちんと稽古さえ積めば、さほど難しいことではない。

剣道にも同様な技がある。対戦相手が上段打ちをやってくるところを、喉元を「突き」で決めるか、「返し胴」で決める。あるいは、相手が中段構えから上段構えに代わるやいなや、こちらは「返し胴」で決めるなどである。

以上からわかるように、「攻・防一体の原理」による対処は、とても効率がよく、また見た目にもじつに見事である。ただし、この原理に基づく対処法にはいずれもタイミングのよさと攻撃動作の俊敏さが要求され、日頃から十分な稽古が必要である。何事も「習うよりも慣れよ」である。その結果、練達自然の境地に到達することもけっして無理ではない。

第四節　フェイント技で勝機をつかむ

1．フェイントも積極的戦法の一つ

攻撃技を出すと見せかけて実際には攻撃しない、つまりフェイントをかける。このように、相手を惑わし、牽制するという動作＝フェイントを繰り返すなかで、相手の虚をついて本技を出す。それが見事に決まることがある。先手争いの一連の流れでよく使われる戦法である。こうして、フェイント技によって対戦相手を惑わすことができれば、試合は自分に有利に展開するであろう。

フェイントは、広義にはかく乱戦法であるが、また積極的戦法でもある。それによって、相手を惑わしたり、相手の気をそらしたり、牽制したりして、こちらに有利な試合運びができるようになる、

つまり試合の主導権が取れるからだ。こうして、フェイントは攻撃や防御のための補助的動作とはいえ、それはかく乱・積極戦法として大切な役目を果たしてくれる。それだけに、フェイントもむろん技のうちである。料理でいえば、下ごしらえの大切さである。

2. フェイント技の具体例

フェイントは各種の格技種目をはじめ、球技種目において古くから広く用いられている。

フェイント技とは縁遠いと思われていた大相撲にも現れて、ちょっとした話題になったことがある。元力士・舞の海の取り口がその好例である。伝統的な大相撲の取り口とは異なり、相手にぶつかっていくと見せかけて、実際には間合いをとって相手力士と対峙する。まるで、プロレスを見ているようだった。それだけに、対戦相手の巨漢力士は一瞬戸惑ってしまう。小兵・舞の海は、そこをすかさず相手の懐に深く入り込み、相手の太腿を両手で持ち上げて体勢を崩しにいく。すると、はかったとおりに巨体が土俵上に崩れ落ちていく。見ていておもしろく、また小気味よい。

球技においてもフェイントはよく用いられる。野球では、ランナーを刺すときのピッチャーのモーションに見られる。サッカーやバスケットボールにおけるボールのパスの仕方にフェイントがあたり前のように組み込まれている。サッカーの足技によるボール処理のしかたは確かに進化してきている。あし（脚と足）と上体の、機敏で見事なフェイント動作によるボール処理である。バレーボールにおける時間差攻撃も、むろんフェイントの発想による。どの種目においても、よいことや新しいことは、可能なかぎりジュニアの時期・リトルリーグの時期から身につけさせたいものである。

3. フェイントにはリラックス効果もある

フェイントによるよいリズムはリラックス状態をもたらす。その反対に、体を動かさずにじっと構えていると、自然に心身の緊張が高まりやすく、素早い動きができにくい。それを防ぐ効果がフェイントには備わっている。まさにフェイント動作の生み出す〈リラックス効果〉である。

フェイント動作によってつくり出されたリラックス状態から素早く攻撃技を出すなり、防御体勢を取るようにする。そのほうが、力んだ状態からの動作よりもタイミングがうまく取れ、しかも反応潜時が短く瞬発力のある動作が取れる。

4. フェイントに惑わされない工夫は

(1) まずはリラックスをしっかりと

相手のフェイントに惑わされてはまってしまったのでは、それこそ相手の思うつぼである。では、はまらないためにはいかに対処すべきか。格技種目を想定して説明してみよう。

それには、対戦している最中にまずはしっかりとリラックスをはかることである。対戦中は自然に緊張が高まるので、それを感知し、リラックスをしっかりとはかりつつ試合を運んでいく。しかも、相手のフェイント動作よりもきめ細かく動いてリラックスをはかる。すなわち、前腕や上体の動き、それにフットワークを細やかに、しかも柔軟に動かしつつ、どのタイミングでも攻防の動作が素早くできる体勢をつくっていく。このことは実際に練習で行って確かめてみれば、納得できる。

そのような状態になっていれば、容易には相手のフェイントにはまらないし、また相手の攻撃技をまともにくらうことなく、攻撃をかわすことができよう。さらには、相手から攻撃されても、「後の先」で逆に攻め勝つこともできる。

(2) 自分のほうもフェイントを使う

対戦相手のフェイントに対する対処法としては、自分のほうもフェイントをかける。実際、大半の選手は、このようにしている。ただし、その際、相手のリズムやペースにはまらないよう、くれぐれも留意することだ。もし、相手とまったく同じリズムで行えば、それは〈先手のフェイント〉ではなく、いわば〈後手のフェイント〉となってしまい、好ましくない。何事も後手はよくない。そこで、対戦相手とは違ったリズムでフェイントをかけるようにする。ただし、たまたま、対戦相手と同じパターンのフットワークを使ってきたのであれば、それはしかたがないであろう。あとは先手争いに勝つよう心がける。

(3) 複数のフェイントパターンを身につけておく

フットワークもワンパターンではなく、二つないし三つ持ち合わせていれば有利であろう。実際にフェイントをかける際、対戦相手や状況に応じてそれらを使い分けるなり、いくつかを次々と使っていく。〈技のデパート〉の一環としての複数フェイントパターンの具備である。

たとえば、相手よりも速いテンポのフェイント技を使うなり、その反対に遅いテンポのフェイント技を使うなりする。こうすれば、相手はなにがしか戸惑いを感じるであろう。しかも、それらを交互に使ってみる。つまり、〈フェイントパターン-チェンジ〉である。これも、にわかにできることではなく、つね日頃からの練習が欠かせない。よくよく創意工夫を試みてほしい。

5. 相手のフェイントに対する高級な対処法

空手道や剣道、フェンシング等においては、相手のフェイントに対する高級な対応として次のような対処法が考えられる。

相手のフェイントに対してフェイントで応じることをせず、ゆったりと見せかけて、じっと構えている。一見して、フェイントができないように見えるかもしれない。しかし、実はそうではなく、これも一つの作戦である。相手のフェイントに対しては、勝負の間をはずすべく絶えず間合の調節を心がけていく。つまり、〈絶えざる間合の微調整〉である。このように対処していくと、場合によっては、相手もゆったりと構えるべくフェイントをかけるのをやめるか、あるいはフェイントをかけるのを減らすことがあろう。こうなると対戦相手は、こちらのペース・誘導にはまったことになる。つまり、試合のリード権がこちらに回ってくる可能性が大きくなるであろう。

また、対戦相手にすれば、こちらがとくに大きく動かずにじっと構えているのはやや不気味であり、おいそれとは攻撃をしかけられなくなる。つまり、相手に心のブレーキが生じる。こうなると、こちらに先手が回ってくる可能性がそれだけ大きくなり、やはり試合のリード権が取れるようになる。

以上のような対応も、試合中ににわかにできることではなく、日頃から十分に練習を積んでおく必要がある。ただし現行の競技ルールの下では、積極的に攻撃しなければ不活動（戦おうとしない）とみなされて「忠告」や「警告」などの「罰則」が与えられるため、じっくりと攻める戦略は得策ではない。しかしルールによっては先述の対処法は行ってみるに値するので、ぜひとも研究し、身につけていきたいものである。

第五節　相手の体勢を崩して攻める

1．攻撃のチャンスを自らつくる積極的戦法

第三、四節では、攻撃のチャンスとそれに続く攻撃の仕方について具体例をあげて確認してきた。それは対戦相手の隙を素早くとらえて、間髪を入れずにタイミングよく攻め込むという対処法であった。しかし、対戦相手もそれこそ真剣なだけに、そうやすやす隙をつくらないであろう。また、さまざまな好機をすべてとらえてうまく攻めることは、じつは容易なことではない。

そこで、それ以外の攻撃のチャンスを考えることも、また必要となる。たとえ前節までにみてきたすべての事柄が首尾よく実行できたとしても、さらなる攻撃の方略を考え出そうと挑む。これこそが、技の開発につながる手堅い知性の役割である。こうして初めて、スポーツは真に進化する方向を確実にめざすことができる。このような発想による戦法を実際にみてみよう。

2．相手の体勢を崩して攻める

自分のほうから、攻撃のチャンスをつくり出す積極的戦法として、〈相手の体勢を崩して攻める〉というものがある。対戦相手にくい入る隙のないときの積極的な攻略法だ。つまり、いきなり攻撃技（決め技）を出すのではなく、相手の体勢を崩してから決め技を出すようにする。通常、相手の体勢

が崩れれば、当然ながらそこに隙が生じ、攻撃の好機となる。このような攻め方は〈連携動作による戦法〉であり、キーワードは〈技の連携〉である。
古来、柔道においては、相手の体を崩して攻めることは常識である。たとえば、いきなり手技で押し倒そう、あるいは投げ倒そうとするのではなく、それに先立ち、足を使って相手の体勢を崩してからすかさず倒す。「体落とし」という手技である。また、いきなり「体落とし」を行うのではなく、「大内刈り」という足技をしかけて相手の体勢を崩してから、すかさず「体落とし」に移る。つまり、「大内刈り」から「体落とし」へと素早く移行するという一連の変化技である。これは対戦相手をかく乱する戦法であるともいえる。
空手道の組手でいえば、こうである。すなわち、対戦相手の前脚の足首を素早く足払いをする。その際、相手に近いほうの脚を使って足払いしてもいいし、反対に遠いほうの脚で行ってもいい。そのような攻撃の際は、目玉は少しも動かさず相手の目をじっと見ながら、つまり相手の注意をこちらの顔面部に向けさせて（これは相手の注意をそらす「目技」である！）、素早く足払いを行う。こうすれば、相手は見事に横に倒れる。その一瞬をとらえて素早く攻める。攻撃部位は、有効部位（頭部・顔面・頸部・腹部・胸部・背部・わき腹）であれば、いずれでもかまわない。その状況で一番攻めやすい部位を一瞬のうちに見抜いて、突き技を出す。現行ルールでは「一本」（三ポイント）である。

相手選手が倒れないまでも一瞬体が崩れて、横を向いた体勢になることもある。そこをすかさず、「上段突き」か「中段突き」あるいは反対側の脚で「中段回し蹴り」か「上段回し蹴り」で攻めるのである。つまり、足払いから攻撃技への連動である。足払いが、決め技の下ごしらえとなっている。これは、まさに連携動作ないし技の連携である。なお、この攻撃法は、半世紀以前から一部の空手マンの間では使われていた。筆者もそれをよく使ってきた一人であるが、じつに見事に決まるものである。

第六節　相手の攻撃心を抑えて攻め勝つ

先に積極的戦法についてみてきたが、「さらにほかの方略がないだろうか」と考えてみたくなってしまう。これは、筆者の思考の流儀や方略の一つである。筆者の言葉でいうならば、それは「方法の拡張」方略である。何か新しいアイデアを生み出すための思考の方略つまり創造的思考の方略の一つである。

こうして思いついたのが、「闘わずして勝つ」とか、「相手に戦わせずに勝つ」「相手の戦闘意欲をそいで勝つ」という考えである。

1．『五輪書』の教え

『五輪書』を見るとそれはやはり出ている。宮本武蔵は、心理作戦というか、かく乱戦法というか、積極的戦略・戦術がじつに見事である。『五輪書』の「火の巻」に、さまざまな心理的積極戦法が記されてある。ここに、その一部を取り上げてみてみよう。

①けいきを知る——敵の特徴を見抜いたうえで、敵の思惑とはまったく違う技をしかける。

②影をおさえる——敵がしかけてくる気勢をきちんと見抜いて、それを攻撃動作によって抑え、相手の攻撃意図がなえた隙をついて攻める。今日的にいえば、フェイント技の使用に続いての先手攻撃である。

③うつらかす——こちらはゆったりと見せて相手を油断させ、その虚をついて素早く攻める。相手の気持ちに余裕がなく、真剣になるあまり力んでいれば、いっそううまくいくであろう。

④枕をおさえる——「頭を上げさせない」という意味であり、敵が打とうとするのを制止し、突こうとするところを抑え、組みついてくるところをもぎ取るように引き離すなどのことである。つまり、「打つ」の「う」の字の所で抑え、後は何もさせまいとする。ここに、「先の先」の発想が見て取れよう。つまり、フェイントによって相手の攻撃意図を抑え、勝機をつかむという積極戦略である。

以上のように、武蔵は勝負のお膳立てや試合運びがじつに見事である。単なる真面目な求道者とはそこが違う。ここに、西洋人の合理性を連想してしまうのは、私一人ではないであろう。勝つためには、とにかく頭を使う。体格・体力・技力・精神力で勝負するだけでなく、頭もフルに使って勝つという闘いの基本スタンスである。つまり、知略が剣術の前提としてきちんと位置づけられている。

まさに、「理によって勝つ」という勝負の考え方である。そのためには、いきなり戦場で考えるのでは間に合わないし、十分な策にはなりえない。そこで、日頃からの十分な研究と、闘いに先立つ下調べ、そしてそれに基づく用意周到な準備・作戦検討を行うことになる。このような武蔵の基本姿勢は、現代のスポーツマンにも大いに参考になる。スポーツにかぎらず、あらゆる事柄に通用する普遍的な対処法でもある。

2. 戦術・戦略は日頃の研究と練習が大切

そこで、大会・試合に先がけて、まず戦略・戦術を知力によって模索し、練り上げるのである。むろん、それは対戦相手のタイプや特徴に応じたものであることが望ましい。そうして十分に検討して練り上げた事柄を、今度は練習・稽古で実際に試してみる。そうしたうえで、その実行可能性や有効性のほどを確認し、問題点や不足があれば改善を試みる。スポーツは知力をも加えた総合力なのである。その先人の一人が宮本武蔵である。

こうして、『五輪書』のメッセージの一つは、「とにかく、頭を使え！」である。その具体的な戦術・戦法とは、相手の体勢を崩したり、注意をそらしかく乱して心の動揺を誘ったりして攻撃のチャンスを積極的につくり出すことである。そして、自己の得意とする技で攻めて勝つというものである。このような積極的戦法を一つでも多く自分の得意技にしたいものである。

なお、『五輪書』の「地の巻」の終わりに、次のような文章がある。「まず、兵法を極めようとする気力を絶やすことなく、つねに気力を充実させて、真の道を求めて励めば、技術的に人に勝ち、ものごとを見る目においても人に勝り、また鍛練によって全身が意のままに動くようになれば、身体的にも人に勝れ、さらに精神面も修練すれば、精神的にも人に勝れることができる。こうして、心技体すべての点で卓越した境地に到達すれば、どうして人に負けるということがあろうか」〈文献(7)26頁〉である。

この言葉は時代を超え、民族を超え、真剣に生きようとする者にとって普遍性のある言葉である。ただただ感服の至りである。今日のスポーツ選手の基本的心得としても大いに活用すべき名言である。

第七節　一つの攻撃パターンに固執しない

1．技の単調さは敗因の一つ

対戦中に気持ちに余裕がなくなると、試合運び・攻め方が単調になったり、特定の技に固執したりしがちである。こうなっては、よくない。かつて、筆者が空手道のトップレベル、つまりナショナルチームの選手も含めて実施した「試合における敗因に関する調査」によると、「技が単調になって負けることが、ときどきあった」という回答が総回答者の大半を占めていた。つまり、攻め口の単調さが主な敗因の一つになっている。ほかの格技種目をはじめ、多くの対人競技種目においてもこれは同様であろう。

2．同じ技を出すことの問題性

対戦中に同じ攻撃技・同じ攻撃パターンを繰り返し用いれば、対戦相手にこちらの戦法が知られてしまい、相手はそれだけ楽に闘える。

さらには、生理学的な問題も生じる。それは、体の使い方に偏りが生じてしまうことだ。つまり、動作構造・筋肉の使い方が同じパターンになってしまい、それだけに筋疲労が早く生じる。こうなると、リラックスにも不都合な状態となり、新たに攻撃をしかけようとしても反応が遅れがちになる。また、対戦相手の攻撃をかわすことにも影響が出てこよう。つまり、攻撃と防御のいずれにおいても反応潜時がわずかながらも長くなり、動作が遅れがちになる。こうなれば、勝負に不利であるのは明白である。

3．技が単調にならないための工夫

(1)『五輪書』の教え

またまた『五輪書』が登場するが、同書でも同じ技を繰り返し使うことを厳しく戒めている。「火の巻」の中に、「さんかいのかわり」といって、同じ技を二度繰り返すのはしかたがないとしても、三度繰り返してはならないと戒めている。また、同巻の「よつてをはなす」において、お互いが同じような気持ちになり、互角に張り合っている場合は、その気持ちをすっかり捨てて、別の戦法によって勝つことを考えるべし、と言っている。

さらには、「あらたになる」においては、もつれる状態になってうまくいかない場合、それまでの気持ちや方針を捨てて、ものごとを新しく始める心持ちになって、がらりと変わった戦術によって勝つべし、と忠告している。〈気持ち・戦術のリセット〉の重要性である。

(2) 攻撃パターンもさまざま

先に述べた武蔵のメッセージを一般化して示せば、〈技の組み立て〉や〈試合の組み立て〉は、数学における「順列」と「組み合わせ」の問題としてとらえることができる。スポーツは科学の力を大いに活用できる領域であり、私たちスポーツ関係者は科学的知見を大いに活用すべきである。数学が出てくるとは意外かもしれないが、以下を見ていただこう。

まず、得意技を二つもっている場合を例にあげて示してみよう。二つの得意技をそれぞれA、Bと表示して説明すれば、次のようになる。

「さんかいのかわり（山海のかわり）」の教えに従えば、「A↓A↓A…」や「B↓B↓B…」などの攻撃パターンはよくない（相手が「山」と思っているところを「海」としかけることから「山海のかわり」という）。同じ技を連続して三度使わないという原則で考えると、「A↓B↓A↓B↓……」や「B↓A↓B↓A↓……」、さらには「A↓A↓B↓A↓B↓A↓……」「B↓B↓A↓B↓A↓B↓……」「A↓B↓B↓A↓B↓A↓……」などが成立する。このように一連の攻撃パターンはじつに多種多様である。

さて、得意技がもう一つ増えて三つになると、技の展開は一段と多様になる。〈技の多様化〉はそのまま手堅い勝利の条件の一つとなる。

4．できるだけ技のレパートリーを広げるよう稽古すること

ここまで見てきたように、試合中に技が単調にならないようにするためには、得意技あるいはポイントが取れる技を一つでも多く身につけておくことだ。技のレパートリーの広いほうが有利となる。ここにも「拡張」の発想が見て取れよう。キーワードは、〈技のレパートリーの拡張〉である。これが自己の力量に幅と深みをもたらすことになり、結果として勝つ可能性がより大きくなる。

空手道を例にあげて述べると、突き技や蹴り技のいずれもポイントがきちんと取れるレベルに達しており、しかもそれぞれ中段・上段のいずれでもできる。また、構えは「右構え」と「左構え」のいずれも同程度にできる。むろん、突きや蹴りのいずれも、左右同程度に使いこなすことができ、しかもその力量はハイレベルに達している。こうなって初めて、技術水準は真の一流といえよう。トップをめざすからには、ぜひともそうなってほしい。それどころかより完璧な空手マンになるには、それをめざすべきである。

こうして、手足が右左同等に使えたほうが闘いは有利に決まっている。そこで頭に浮かんだのが「構えの左右同等性」と「技の左右同等性」という二つの文言である。

相撲ならば、右四つ、左四つのいずれの差し手もできたほうがいい。柔道においては、右構え、左

構えのいずれも同等にできる。また、立ち技と寝技、いずれも同等にできる。こうして、「構えの左右同等性」と「技の左右同等性」がともに実現していれば、それだけ勝負には有利になる。

それと似た発想でいえば、体操競技においては、多くの選手が個人総合優勝をめざして、各種目の技術向上に向かって日々一生懸命に練習に取り組む。水泳では、個人メドレー種目に出場しようと目標を掲げてがんばる。また、陸上の近代五種競技やトライアスロンも同様で、全種目をハイレベルに達するようがんばるなどである。

アメリカの大リーグに移籍してからのイチローは、「打ってよし。守ってよし。走ってよし」の三拍子そろった、球界ではまれに見る一流選手として活躍した。いや、「超一流選手」であった。大リーグに移籍して十余年間に、いくつもの記録を樹立し、記録更新を続けた。彼は日本球界をはじめアメリカ球界の誇りでもある。また、「二刀流」で知られる元日本ハムの大谷翔平選手は、投打ともにそろった球界では異例の選手である。二〇一八年、大リーグ、ロサンゼルス・エンゼルスに移籍して、その実力を存分に発揮している。開幕早々、三試合連続ホームラン、それに先発投手として二連勝ということで、全米のみならず日本国内でも早くも話題で盛り上がった。いまだ二十代という若さだけに、今後の活躍が期待される。

以上、競技中の技の工夫や試合運びについて多角的に必要な事項を取り上げた。一読して納得することなく、必要なときに読み返してはあたかも自分で気づき、発見したかのように体得していただければと思う。具体的には日々の練習や稽古の中で実践し、その有効性を確認しながら自分のものにしていってほしい。

第八章
集中力の向上と発揮のための工夫・方法

第四章「競技中の心のもち方」で競技中のメンタルマネジメントについて述べたが、集中力をいかに保つかもまたスポーツ選手にとってメンタルマネジメントに関する必須の課題である。本章では、集中力について詳しくみていこう。

第一節 集中力の心理

1．集中力とは何か

何事をするにも、集中力は非常に重要である。ここ一番という大切な局面や危機的状況においては、わずかな油断や隙、それに不注意も許されない。ちょっとしたささいなミスが致命的な結果を招きかねないからだ。

本来、「集中力」は心理学の基本にして重要なテーマでありながら、長年、心理学の専門用語とみなされてはこなかった。集中力とはなにか、あらためて考えてみよう。

(1)「集中力」の二つの次元

「集中力」とは、ある特定の事柄に意識や意欲をかたむけて、一生懸命にがんばり通して効率を高め、好成績をもたらす精神的な機能あるいは性能のことをいう。集中力は〈意欲の強さとその持続性〉と〈注意集中の質的高さとその持続性〉の二つの視点からとらえることができる。このことを基本にすえて、集中力について掘り下げてみよう。

(2) 意欲の程度について

まず、意欲（やる気）が弱すぎてはよくない。意欲が弱くては反応の生起が遅れる、つまり反応潜時が長くなり、タイミングが遅れたりするからである。また、スピードや力強さが不十分なままであれば、もてる力を十分には発揮できない。

その逆に、やる気が強すぎてもやはりよくない。意欲が強すぎると十分にリラックスできなくなり、つい勝ち急いだり、あわてたり、あせったりするなどして冷静さを欠き、挙動のタイミングが早くなりがちになる。競走や競泳での「用意、ドン」（Get set, go!）の際のフライングは、そのわかりやすい例である。加えて、ひとたびタイミングが狂うと、それに連動して心身の不要な緊張がさらに高まり、リズムやペースを乱してしまい、冷静さをますます失う。その結果、技のしかけ・プレーが思うようにいかず、不満やいらだちが一段と増幅してしまう。まさに、「大欲は無欲に等しい」という結果に終わってしまう。

結局のところ意欲の度合いは、「強すぎず、弱すぎず、中程度が理想的である」ということになる。しかも、その状態が演技中や競技中にぶれることなく維持されていることが肝心である。そうすると平常心が、集中力のもっとも高い状態であるといってよい（「平常心」は、第四章第一節参照）。

(3) 注意の拡大と転換・焦点化のバランス

何かに取り組む際、まわりの事柄に気（注意や関心）が奪われたり、途中で注意集中の持続が困難になったりしてはよくない。それとあわせて特定の部分や事柄に注意が偏っても、やはり見落としやミスにつながりやすく、よくない。取り組みの場面や状況全体に注意を向けつつも、必要に応じて特定の事柄や部分に注意を転じて焦点化する。こうして注意の〈拡大〉と〈転換・焦点化〉のバランスが大切である。

心が偏らないように真ん中に置いて静かに揺るがせ、その揺るぎを一瞬たりとも止まることのない、つねに流動自在な状態に保つこと。つまり平常心が実現している心理状態は、望ましい注意配分の状態であるといえる。

2. 集中力発揮の効果とは

集中力が高いレベルで発揮されている精神状態においては、そうでないときと比較すると目的にかなった望ましい動作や反応が出現し、結果として自己最高の出来栄えとなる。詳しくみてみると、それは次のような効果をもたらす。

①反応潜時の短縮――“Get set, go!”の合図や、競技中の状況変化に対して素早く動作が起こせるとか、〈～をしよう〉など本人の意図に続いて素早く動作ができるなど。つまり、瞬発力が発揮

できるために反応潜時が短くなる。
②所要時間の短縮――目的動作をより短い時間で遂行できる、タイムが更新されるなど。つまり所要時間が短縮される。
③反応量の増大――飛距離が伸びる、より高く跳ぶ、より重いものをあげるなど。
④タイミングのよさ――目的動作の開始が単に素早いばかりか、タイミングがきちんと合っている。たとえば、野球の打撃法がわかりやすい例であろう。バットがボールに触れるタイミングがわずかに早くてもいけないし、その反対に遅れてもいけない。まさに、グッドタイミングが実現できる。
⑤誤反応の抑制・技の精緻化――いわゆる凡ミスをしない、チャンスやピンチの場面でミスをしない、ノーミスであるいはパーフェクトな演技ができる。球技でいうならボールの中心にバットを当てて打つこと（ジャストミート）ができる、ましてや空振りはしない、ボール球には手を出さないなどである。

3. 集中力の発揮を妨害するもの

集中力がどのくらい発揮できるかには、明らかに個人差がある。また、同一個人内においても一定せず、時と場所と場合（ＴＰＯ）によってかなり異なる。そのうえ、その時々における身体面や心理面の状態が、集中力の発揮に大なり小なり関係しており、その影響ははかりしれない。まず、集中力の発揮を妨げる原因を確認してみよう。

①身体的妨害因――睡眠不足、体調不良や病気、けが、痛み、疲労、空腹や満腹、尿意・便意、二日酔い、薬物による生理的変化など。

②心理的妨害因――気がかりなことや悩み事、勝敗を意識しすぎる、慎重になりすぎる、責任感が強すぎる、油断する、安心する、あわてる、あせる、ミスを気にする、予期不安（もし負けたら、どうしようなどの心配）、気後れ、気力負け、気合不足、やる気の不足、冷静さを欠いた怒り・驚き・疲れ・喜びなどの情動反応など。

③環境的妨害因――グラウンドの状態がよくない、騒音、対戦チームの声援・大きな声、光線が強すぎる・薄暗い、風が強い、高温多湿、大観衆、不慣れな場所での試合、ハプニングの発生など。

以上のように、さまざまなことがらが集中力の発揮を妨げ、心を乱す原因となる。実際に集中力が低下していると複数の妨害因が同時にあるいは連鎖的に発生していることが多い。それこそ妨害因がいくつも重なると、いとも容易く集中力がかき乱されてしまうであろう。まさに、複数因の相乗作用のなせるわざである。まさにダブルパンチならぬトリプルパンチ、さらにはドミノパンチをくらってしまうようなものだ。その結果はいわずもがなである。

4．集中力には個人差がある

集中力発揮の程度には性格や行動上の個人差がある。なかでも、「何かにつけて予期不安が強い（心配性である）」「責任感が強すぎる」「責任感に欠ける」「人前に出ると緊張しやすく、あがりやすい」「周囲の人々の目を意識しすぎる」「ものごとの結果に対して関心が低い」「ものごとの結果を気にしすぎる」「生来の不注意や多動・衝動性傾向」などの性格・行動傾向があれば、多くの場合に集中力は発揮しにくくなる。そうした特徴がいくつか重なると、それだけ思うように集中力が発揮できなくなる。こうして複数の妨害因の相乗作用が生じやすい。反対に、そのような性格特徴がとくに見られない場合は、集中力が高度に発揮されやすいといえよう。

第二節　集中力を高めるための工夫・方法

1. 日常生活における心の工夫

集中力の養成や向上には日常生活が切り離せない。この点は平常心の保ち方と同じである。つまり、日々の生活の仕方にこそ、その対策や秘訣がある。

第一に、悩み事があればできるだけ早期に解決するよう対処する。「そのうちに、なんとかなるだろう」などと甘く考えないことだ。自分一人では解決できそうもないときは、しかるべき人に相談する。早期にすみやかに解決しておけば、日々の練習ではもとより大事な試合や競技に専念して出場することができ、集中力が発揮できるであろう。

第二に、大会や競技会に臨む心がまえや目標について、さらには集中力を妨げる原因となるあせり、不安、あがりなどの精神的な問題について、日頃から仲間同士で話し合い、集団内で問題を共有したり解決をはかったりする。これを集団思考（group thinking）による問題解決という。一人で思い悩んだり心配したりしていても解決できない問題にみなで臨めば、三人寄れば文殊の知恵よろしく、各自の抱えている悩みの重さが軽減するであろう。

第三に、何かをやろうと思い立ったら、すみやかに実行に移すよう心がける。実行に移ってこそ、「やろう」という意図も〈顔がたつ〉というものだ。意図に続くすみやかな実行開始は、競技中の瞬時の的確な判断と、それに続く素早い挙動やプレーにつながっていく。こうして、迷いのない判断力や実行力を育み、結果として集中力の向上をはかる。何か判断に迷うこと自体が集中力発揮の妨げとなるからだ。

第四に、ふだんから自分の感情や気持ちを、自分でコントロール（自己制御）する。いらいら、怒り、あわて、あせり、不安や恐怖心、弱気、自己顕示欲などの感情や気持ちの乱れや高ぶりは、集中力の妨害因となる。そのため、感情や精神状態を日頃から自己コントロールするよう心がけ、成果が出てくれば、試合に対する不安をはじめ、試合中のあせり、あわて、あがり、過緊張などが自分でコントロールしやすくなる。このように理性による自己コントロールを心がけると集中力の向上・発揮に資するといえる。言い換えるなら、日頃できないことが、プレッシャーの強くかかる試合や演技中にできるはずはない。

第五に、練習や稽古だけでなく、ものごとには集中して取り組む。勉強、仕事、囲碁・将棋・チェスなどにおける精神集中や粘りの体験は、競技中の集中力の維持や発揮にプラスにはたらく。このようにある事柄の成果がほかの事柄に役立つ「正の転移」という出来事は、多くの人が思いあたるであろう。

このように、日常生活の過ごし方は集中力の向上をもたらし、大会での好成績や勝利獲得への確かな基盤づくりとなる。日常生活こそが集中力養成のホームグラウンドなのである。そう考えると、日常生活の過ごし方が試合・競技にはマイナスともなる。つまり「負の転移」が生じかねない。くれぐれも用心してほしい。

2. 練習をとおして集中力を養う

日々の練習が技術や競技力の向上だけでなく、集中力の向上にも役立つとすれば理想的である。そのためには、どのようにトレーニングに取り組めばよいだろうか。

第一に、練習と試合とを区別しないことである。練習だからと思いどこかに気の緩みやプレーの手抜かりがあってはならない。つまり、「練習即試合、試合即練習」という意気込みで、日々の練習や稽古に取り組む。よい意味での緊張感をもちつつ、決して力むことなく真剣に練習にはげむ。

具体的には、試合形式でやってみるなり、他チームと定期的に練習試合を行う。また、普段の練習において、「あと一ポイント取られたら、負ける」「あと残り時間三〇秒」などの場面設定のうえ練習を行う。つまり、「モデル・トレーニング」の実施である。できるかぎり大会・試合に似た状況下でトレーニングを行い、精神面についても大会・試合用のものを練り上げていくようにする。これはプレッシャーを克服し、集中力を向上させる、集中力発揮のための実践的な練習法である。こうして、日頃から試合に通用する「精神力＝メンタルタフネス」を練り上げていく。あとは、そのような精神状態をそのまま試合にもち込めばよい。これは「平常心で臨む！」という考えと同じ機軸の発想である。つまり試合に通用する実践的な精神状態を、つね日頃から醸成する、まさに練習即試合・試合即練習の考えである。

第二に、練習において体験した高度な集中力の発揮の仕方を忘れずに覚えておく。いかなる心理状態が高度な集中力を発揮する状態なのかを、どのような心がまえや工夫によってそれができたのかとともに、しっかり覚えておく。そうすれば、それ以降の練習や試合の本番でも、その望ましい精神状態を自分でつくり出しやすくなる。この心理的方略は「ピーク－パフォーマンス法」という。なお、当然、試合の本番で高度に集中力を発揮できた場合にも、その状態をきちんと覚えておく。そして、それをその後の練習に活用する。偶然発見した方法を、意識的にすくいあげて、それ以降の実践にうまく活用していくのである。

第三に、日頃から大会への意欲を醸成していくとともに、勝利への執念を燃やして強めていく。たとえば「今度こそは絶対にやるぞ！」「今度の大会では必ずやる！」などである。大会の前日や当日を迎え、にわか仕込みで勝利への執念を燃やしても、真に機は熟さない。農作物の種を蒔いてもすぐに芽が出ないし、実るまでには日数を要するのと同じである。それどころか、にわか仕込みはむしろ不要な緊張の元凶となり、むしろ逆効果ですらある。

理想的な意欲ないし目的意識は、アルコールの醸造と同じように一定期間かけてじっくりと熟成していく。脳内の中枢に「やる気」がしっかりと根づいて、それが実行・実践の無意識の駆動力となる、つまり脳全体が「やる気シフト状態」となるまでには、それなりの日数を要する。「集中力は一日にして成らず」なのである。されど、「集中力はいとも簡単に崩れやすいものなり」である。このことも合わせて心得ておけば、さらに心強いであろう。

3．大会当日の工夫・心のもち方

(1) 大会当日の基本的心得

大会当日は勝敗や成績をことさら意識しないことである。とくに意識しなくても、自然に勝敗や成績に注意が向いてしまい、その結果、心身の緊張が高まりやすいからだ。

「今日は、ただやるのみ！」とか「これまでの練習成果を試すつもりで、ひとつ思い切ってやってみよう！」と考えて、あとは余分なことを一切考えない。まちがっても、「ぜひ勝たなければ……」とか、「この試合に勝てば、決勝戦に勝ち進める！」などと結果を先回りして下手に意識しないことだ。いつものようにきちんとやる、いつもの自分でいく。これでよい。

(2) もしミスが生じたら

スポーツにミスはつきものである。高度な技術を遂行し、もてる力を発揮しなければならないだけに、そうである。大会や試合ともなれば、何かとプレッシャーがかかり、練習中には生じなかったはずのミスが少なからず生じる。大きな大会ではとくにそうである。フィギュアスケートのように、競技によってはミスをすることがまれでないどころか、むしろよく起こり得るということもある。トリプルアクセル・四回転ジャンプ・連続ジャンプなど超難度の演技場面ではとくにそうである。

もしミスが生じても、それをいつまでも気にかけることのないよう、素早く頭を切り替えて冷静に演技を続ける。なお、演技を見ているかぎり、大半の選手はそのように心がけている。なによりも頭の切り替え、気持ちの切り替えが大切だ。ミスがミスを招きやすいので、頭や気持ちを切り替えて演技そのものに集中していくことが肝心である。失敗しても、それを気にしないタフなメンタリティを身につけることだ。

繰り返しミスが生じないためには、どのようにジャンプすればよいかを、一瞬のうちに思い出すことだ。これを演技中に行うことが容易でなければ、演技が終了してから冷静に振り返り、検討すればよい。その後は同じミスを繰り返さないように、あるいはミスを減らすように、対策を立てる。

自分なりに納得できれば、それ以降の試合では頭を切り替えて、精神的に集中して演技に取り組むことができる。ショートプログラムでミスをして出遅れても、フリーで高得点を獲得して逆転優勝したケースはけっしてまれではない。

さらには、大会後に練習を通じて技術面の調整や修正をはかる。こうして、確実に不安材料をなくしていけば、その後の大会において自己の演技に集中できる。

(3) 仲間のミスに対しては

団体競技やペア競技において仲間やパートナーがミスをしたときには、おなじみの「ドンマイ！ドンマイ！」という声をかけて、チーム内やコンビに悪いムードが漂わないように相互に頭の切り替えをする。とにかくミスを後に引きずらない。大事なことは、プレーに集中することである。互いに声をかけ合えば、チームやペアが一丸となって、再び集中して取り組むことができ、よい流れをつくりやすい。「ドンマイ！　ドンマイ！」のかけ声は、〈集中力の集団的立て直し法〉でもあるのだ。

(4) 個々人の工夫によるメンタルマネジメント

集中力を発揮するためには、個々人において自分なりの工夫や対策を講じればよい。たとえば、自分のお気に入りの曲を準備してそれを聴くなどである。自分に合ったメンタルマネジメント対策や方略を、自分で工夫してもつようにする。それによって気力の充実をはかり、緊張と興奮を抑える。まさに、自分流の「心の布石」により、自己最高の状態つまりパーフェクトな演技やプレーを確実に実現させようという前向きの姿勢である。それでうまくいけば、とてもけっこうなことである。

第九章
あがりの防止対策・克服法

大会に出場して、しかも大事な試合や競技会ではことさら最初から過度に緊張してしまう（つまり硬くなってしまう）、あげくの果てにあがってしまったのでは、それこそたいへんである。本章では、「あがり」という心理状態について確認し、あがりの予防と克服の方途を探る。本章で述べる事柄は、とくにあがりの問題がない選手にも大いに参考になるであろう。それは競技においては誰もが体験するはずの「無益な緊張」をコントロールするノウハウが記されているからである。

第一節　あがりについての基本的理解

1．あがりとは

「試合」あるいは「スポーツ」と聞いて、「あがり」とか、「あがってしまう」という言葉を連想する人は、けっこう多いのではないか。とくに、かつてはそうであった。試合で、何らかの理由であがってしまった人と、あがった経験があると思っている人を合わせると、なんと七、八割はくだらないといわれていた。

まず、あがりとは、どのような心理現象なのかを確認しておこう。

(1)　あがりの定義

あがりとは、「人前での課題遂行に際して過度の精神・身体的緊張を生じ、精神的不安定や不必要な生理的興奮状態となり、その結果、目的行動が混乱したり、不能となったりするなど、行動の制御・統制機能が失われる現象」のことである（『児童臨床心理学事典』〈文献⒁2頁〉。ただし筆者の責任において、本質の部分を変えることなく、文言を一部修正した）。

スポーツでそのような心理・身体的問題が発生するのは、次のような場面である。まず本人の出番がきて実際に試合が始まると、あるいはひどい場合には自分の出番が近づいてくると、走るときの助走よろしくそわそわし出して落ち着きを欠いてくる、「負けるのではないか」と予期不安が頭をもたげる、トイレが近くなるなど、あがりの兆候が現れる。

(2)　あがりの具体的な特徴

さきほどの定義をふまえて、あがりの現象についてより具体的な特徴をみてみよう。

①精神面の変化

なんとなく気分が落ち着かない、やたら周囲をきょろきょろ見る、人の話を落ち着いて聞くことができない（落ち着きの欠如）、呼びかけられても気がつかない、あるいはそれへの反応や対応が遅れる（周囲への気配り・配慮の弱小化）、周囲の様子がぼんやりと見えるとか、ものごとや状況を冷静にとらえることができなくなる（視覚的認知機能の減弱）、観客の声がうるさくて気になる（聴覚過敏）、何か思い出そうとしてもなかなか思い出せない（記憶機能の乱れ）、考えがまとまらない、考えが途切れてしまう、何を考えているのか自分でもわからない（思考活動の乱れ）、競技の始まる前から勝敗が過剰に気になる、過去の負け試合を思い出し、今日も負けるのではないかと不安になる（勝負への過剰意識・予期不安）など。

②身体面の変化

精神面の変化に連動して身体面の問題が生じる。心臓の鼓動が大きく速くなる、頭に血がのぼって体中が熱くなる、手のひらが汗ばむ、とくに身体を動かしてはいないのに汗が出る、表情がこわばる、顔面が紅潮するか蒼白になる、全身の筋肉がこわばってくる、手足の震えが生じる、口中が乾いてくる、尿意が頻繁に起こる（ここまですべて、自律神経のバランスのくずれ）、ウォーミングアップ中や競技中に体が自分の体でないように感じる（身体感覚の異変）など。

③演技・プレーの乱れ

以上のような精神的ならびに身体的問題のために、つい力んでしまいリズムやタイミングが狂ってくる、スピードが鈍る、その結果としてミスが生じたりして日頃の実力が発揮できないなど。

このように、あがりの現象は、さまざまな形を取って現れる。①と②に示した異変が微弱ならば、③の程度はそれほどではないが、その反対にそれらの異変が顕著な場合、③の程度もそれだけひどくなってしまうであろう。

2．あがりの要因とメカニズム

(1) あがりの生ずるカラクリ

あがりの要因として、どのような事柄が関与するのだろうか。それには、ほかの心理的問題や精神的症状と同じく、環境要因と個人内要因とがかかわる。これら二種類の要因のいわば絡み合い（相互作用や相乗作用）により、あがりの現象が生じる。この絡み合いのことを構造ととらえて、専門的には「機序」あるいは「メカニズム」というが、一般的には「カラクリ」といえよう。

あがりの発生メカニズムにおいて、性格特徴がベースとなっている（個人内背景因）。たとえていえば、銃に弾が込められている状態だ。そこに、大会当日になり、自分の出番が近づくと（環境的誘発因）、それに誘発されて、あがり現象を発生させる兆候が現れる（個人内直接因）。この兆候に導かれるかのように、あがりの現象が生じる。

このように、あがりの現象は、個人内背景因、環境的誘発因、個人内直接因の三種類の要因によって発生する。以下に、それぞれについて確認してみよう。

(2) あがりやすい性格（個人内背景因）

あがりの現象をもたらす性格特徴つまり、あがりやすい性格として、次のようなものが指摘されている。

①恥ずかしがりや、社会的接触を避ける傾向が強いなど、いわゆる内向的である、②空想的でものごとを客観的に見ない傾向が強い、つまり主観的傾向大、③心配性や神経質など、いわゆる神経症的傾向の大きい三つの性格特徴が指摘されている。これらの特徴を一人で一つか二つだけでなく、三つ

すべてを有していることもあろう。

(3)　あがり現象を誘発する環境状況（環境的誘発因）

①大会の日が近づいてきた、②大会の前日になった、③大会当日になった、④大会会場の雰囲気、⑤開会式が始まった、⑥試合・競技が始まった、⑦本人の出番が近づいてきた、などの一連の時間的経過や環境的状況が、あがりを誘発する環境因つまり環境的誘発因となる。

(4)　あがり現象をもたらす兆候（個人内直接因）

環境的誘発因のそろった状況下で、あがりやすい人は、試合や競技に対してそれ特有の意識面の特徴（あがりの兆候）を示す。それには次のようにさまざまなものがある。

①大会の日が近づくにつれて、競技・試合のことが気になり、気分が落ち着かなくなってくる〈漠然とした不安〉。

②「今度の大会ではぜひとも勝たなければならない」あるいは「今度の大会では負けるわけにはいかない」などと強く意識する。つまり、周囲の期待に対する強い責任感をもってしまう〈不要なまでの責任感過剰〉。対戦相手が自分よりも強い・上手だと思うと、気後れし劣等意識をもってしまう〈強い劣等意識ないしは気後れ〉。

③観客が多いと、その雰囲気に呑まれてしまい、しかも観客席からの視線が過敏に気になる〈雰囲気に呑まれる気の弱さ・自意識過剰〉。

④知人や異性の友だちが見に来ると、格好のよいところを見せよう・よい成績を出さなくてはなどと意識してしまう〈自意識過剰による高い要求水準の設定〉。

⑤競技中にミスをすると恥ずかしいと思い、自分のプレーに自信がもてなくなる〈羞恥心・自信喪失〉。

⑥「今日（今回の競技会で）もまた、あがってしまうのではないか、あるいはミスをしてしまうのではないか」などと、つい心配になってしまう〈予期不安〉。

⑦「あがらないようにしなくてはならない」と強く意識してしまう〈あがりの予期不安に対する過剰抑制〉。

⑧心臓の高鳴り・顔面の紅潮・冷や汗などが気になってくる〈身体面への注意過剰〉。

以上のように、好ましくない意識現象がいろいろと生じてくるが、せんじ詰めれば、それらは〈自信不足・不安〉と〈自意識過剰〉の二つに集約されよう。①～⑧のようなさまざまな問題が表面化してくると、それがいわば呼び水となって、ますますそのことが気になってくる。そして、ドミノ式に次々と負の連鎖反応が始まり、ついにあがりの身体的症状や精神的症状が生ずる。その結果、プレーや演技になにかと乱れが生じる。

(5)　プレッシャーに強い性格

先に掲げたのとは反対の性格の場合、試合や競技に性格が災いすることは少ない。それは、次のような性格特徴である。

人前に出てもまごつかない、ものごとにおいて自信をもっている、楽天的である、強気である、肝がすわっている、ものおじしない、神経が図太い、攻撃傾向が強い、普段は温厚であってもいざとなればきちんと自己主張ができる、ユーモラスで精神的にゆとりがある、ものごとを冷静にとらえて対処できるなどである。したがって、大会でここ一番の大事な場面でも実力を発揮し、プレッシャーのかかる場面を難なく乗り切る可能性が大きい。

以上のような性格・行動傾向を多く有しているほど、あがりとは縁遠いであろう。そのような選手の場合、日頃の実力以上の力を発揮することもけっしてまれではない。オリンピック大会やパラリンピック大会、あるいは世界大会など大きな大会で、自己最高記録をはじめ、大会新記録、世界新記録を出すことも可能であろう。なお、この性格や行動傾向は、スポーツだけでなく日々の生活においてもプラスに作用する。

(6) あがり発生のメカニズム―促進因子と抑制因子のダイナミズム

これまでに、あがり現象をもたらす要因をはじめ、あがりの兆候について確認してきた。

それらをふまえて、次のような式を導き出すことができる。

SF＝A／I (SFはあがり現象の発生の有無、Aはあがりの促進因子、Ⅰは抑制因子)

右式において、あがりの促進因子(A)とは、あがり現象をもたらす事柄であり、それには、すでに見てきたように、①あがりやすい性格特徴、②環境的誘発因によって生じる八個の兆候(意識現象)の二つの因子があげられる。

一方、抑制因子(Ⅰ)とは、あがりを抑えるはたらきをする事柄のことで、これには、①プレッシャーに強い性格、②大会に向けてのあがり予防対策の実施、③大会会場での本人なりの対処や、周囲の人の助言やサポートなどがあげられる。

この式において、拮抗する二つの因子のうち抑制因子(Ⅰ)のはたらきが促進因子(A)のはたらきを上回れば、つまり「促進因子＜抑制因子」であれば、あがりが抑制される。その反対に、促進因子が抑制因子を上回れば、つまり「抑制因子＜促進因子」であれば、本人の意に反してあがってしまう。このように、先の式は、あがりの発生を相反する二因子間の力関係の結果としてとらえる説である。

この式は、あがりの予防と再発防止を考えるのに便利である。選手にとっても、また監督やコーチなどサポート役の立場の人びとにとっても、あがりの促進因子を可能なかぎり減らしていき、一方、抑制因子をできるだけ増やしていけばよい。この式は一九八〇年代に筆者が創案したものである。

(7) あがり発生後のメカニズム（その1）―間接経験型

私たちはたいていの行動について、自分一人で考えるなり試行錯誤を通じて覚えていくというわけではない。生育過程で他者の行動を見たり、話を聞いたりして、あるいは直に教わったりして覚えていく。さらには、書物やテレビ、ラジオ、インターネットなど情報媒体によって覚えていく。そして、そのようにして覚えた事柄を繰り返し行っていくうちに、スムースにできるようになる。その典型例は、母国語の習得とそのスムースな使用である。赤ん坊のときから、家族が話すのを聞いたり、話しかけられたり、応答したりしながら言葉を覚えていく。

じつは、あがりの現象も基本的には同じである。生まれつきあがり症の人はいないはずである。では、あがりが生じる過程（プロセス）をみてみよう。

〈他者のあがり場面をじかに見たり、あるいは、あがりについて人から話を聞いたり、書物で読んだりする〉→〈あがり現象についてのイメージ・概念の形成（認知的学習）〉→〈大会の接近〉→

〈あがりの兆候の出現〉→〈あがりの症状発生〉→〈後悔・自己嫌悪などの意識体験〉→〈ラベリング：「自分は、あがりやすい人間だ」と思ったり、周囲からもそのようにいわれたりするなど〉→〈再び大会の接近〉→〈あがりの兆候の再出現〉→〈あがりの再体験〉→……（繰り返し）……→〈あがり症状の増強〉→……。

何の対策も講じなければ、以上のような一連のプロセスを経ていくことになる。

(8) あがり発生後のメカニズム（その2）―直接経験型

もう一つは直接経験による発生である。すなわち、あがりの心理現象のことをまったく知らずに、そうなってしまう人がごく少数ながらもいるかもしれない。それは次のようなプロセスをたどる。

〈大会の接近〉→〈精神的プレッシャー・過緊張など幾多のあがりの兆候出現〉→〈競技中に演技・プレーが思うようにいかない〉→〈あがりの症状発生〉→〈後悔・自己嫌悪等の心理〉→〈ラベリング：「自分は、あがりやすい人間だ」と思ったり、周囲からもそのようにいわれたりするなど〉→〈再び大会の接近〉→〈あがりの徴候の再出現〉→〈あがりの再体験〉→……（繰り返し）……→〈あがり症状の増強〉→……。

第二節　日頃の工夫による防止・克服の方途

「集中力」の場合と同様、あがりの防止対策（予防と改善）も、まずは選手個々人の心がまえや工夫が基本となる。それは、健康管理においてビタミン剤や薬物などに頼るのではなく、日々の三度の食事を大切にするのと基本的には同じである。そうした本人の心がけにより、かなりの効果が得られる。

1. 競技に臨む心がまえ

このように、あがりの直接の原因は、競技や試合に対する弱気・予期不安、つまり気のもちようにある。あがりを誘発するのも気のもちようであり、それを重くするのも、軽くするのも、あるいは抑えるのも、また気のもちようである。こうして、意識のはたらき（ものの見方・考え方）が、私たち人間の行動と身体のはたらきに大きく影響する。つまり、〈認知→行動〉という行動図式である。そこで、大会に向けての心がまえや考え方について、あがり防止対策の観点から述べてみる。

(1) 勝ち負けを意識しないこと

①とにかく勝ち負けのことを考えないこと

まずは次のようには考えないことだ。たとえば、「試合で負けたら、監督やコーチ、仲間に申しわけない」「ぜひ、勝たなければならない」「自分だけがミスをしたのでは恥ずかしい、申しわけない」「無様な負け方はできない」などである。これまでに、このような考えをもっていた人は、今後は、そのような考えをもたないようにする。今流にいえば、〈心のリセット〉あるいは〈思考ファイルのリニューアル〉をはかることだ。ここから、防止対策は始まる。

②責任感や羞恥心は意識しなくても形成される

とくに意識しなくても、責任感は日々の練習を通じて無意識のうちに形成される場合が多い。私たち人間の良識・良心の形成とは、そのようなものであるから、勝敗に対する責任感をとくに意識する必要は毛頭ない。『五輪書』風に表現すれば、「自己の内なる無意識の良心を信ぜよ！　よくよく検討してみるがよい」というわけである。

③過ぎたるは災いの元、何事も適量を！

それにもかかわらず、過剰なまでに責任感をもってしまっては、むしろ災いの元になり、よいことは何もない。つまり、心身ともに不要な緊張が生じたり尻込みしたりするだけだ。「過ぎたるは猶及ばざるが如し」であり、何事もほどよい加減つまり適量が大事である。

よい意味での個人主義が浸透した今日、選手個々人に対して過剰なまでの責任感を要求する風潮はない。むしろ多くの人びとは「悔いのない試合・戦いをすれば、それでいい」、あるいは「試合には勝ち負けはつきものだ。とにかく、本人のもてる力を存分に発揮してくれれば、それでよいのだ」と思っている。

④前向き・開き直りの考えをしっかりともつ！

先に述べたようにわきまえて、あとは、次のような心がまえをしっかりもって競技に臨む。つまり、気を大きくもち、大らかにかまえて、次のように考えてみる。

〈考え方　その1〉

「勝敗というものは、実力だけではなく時の運もある。これは、今も昔も同じく変わらない。負けてもともとではないか。とにかく悔いの残らないよう、思いっきりやるだけだ！」というように考えてみる。これは、いわば悟りと開き直りの心理である。吸った息は吐き、吐いたらまた吸うように、身も心も自然体でかまえるのが一番だ。

〈考え方　その2〉

まだまだ実力が十分でないのに、「勝とう」とか、「ぜひ勝たなければならない」などと思うことは、責任感というよりも、むしろ、おこがましい。とにかく素直な気持ちで、背伸びをせずに、気持ちを楽にして大会に臨むことだ。大会とはいえ自分にとっては練習の場なのだ。あとは、普段どおりに思い切りやれば、それでいいのだ。いつものように、練習でやっていたようにやれば、それでいいのだ！」と、自分にいいきかせる。これは、まさに自己説得であり、いわば精神活動の軌道修正を自らはかるのである。脳内の「古い行動ファイル」を捨てて、「新しい行動ファイル」に置き換えるという〈考え方のバージョンアップ〉である。

⑤信念を確固たるものとするためのノウハウは

以上のような新しい考えを、自分の信念として確実に機能させるには、一度や二度、一日や二日だけ、そのように思ってみたのでは不十分である。新しい考えを自分のポリシー・不動の信念としていくためには、最低二、三週間継続して念じてみるようにする。

また、第四章「競技中の心のもち方」についてしっかりと理解し、それを実践するよう心がける。しかも、そのためには、ただ読んで頭に入れるだけではなく、毎晩、就寝時に床についたら心身ともにリラックスをはかったうえで、次のように頭の中で唱えてみる。つまり、「勝ち敗けを意識しないこと！」「平常心で臨む！」「冷静に燃える！」などの言葉を、それぞれ二回ずつ唱える。それがすんだら、あとは安心して眠りにつくだけだ。これを、二、三週間続けてやってみる。

そのようにすれば、より確実に、競技中の心のもち方が頭に刻み込まれていき、理想的な勝負心がしだいに醸成されていくであろう。その結果、それが日々の練習に反映され、そして大会では、過緊張状態におちいったり、あがってしまったりすることもなく、落ち着いた気持ちで試合に臨み、自己のもてる力をきちんと発揮できるようになる。

なお、試合の直前あるいは試合の最中に、万が一、弱気が頭をもたげてきたら、先のキーワード(「勝ち敗けを意識しないこと！」「平常心で臨む！」など)を、頭の中で一、二回唱えてみる。すると、高まってきた緊張がスーっと消えて、気持ちも落ち着いてきて、しっかりとプレーができるようになる。このような経験を積み重ねていくうちに、勝負心はより盤石なものとなっていくであろう。それはそのまま、あがりの予防や改善につながる。

(2) 観衆の注目・視線に対しては

観衆の注目・視線が気になってしまう場合は、次のように考える。

「自分だけが見られているのではない。対戦相手だって同じく見られているのだ。そもそも、人に見られても、自分にはとくに恥ずかしいところはないではないか。だから、気にすることなど、何もないはずだ。いや、まったくないのだ！」このような具合に、気を強くもつようにする。

今も昔も、技術的に優れたトップ選手でさえ、とくに大事な大会では、やはり緊張する。決勝戦ともなると、なおのことだ。そこで、次のように考えてみる。

「自分の演技・プレーが人に見られている、あるいは審査されるなどと意識するのではなく、その逆に、観客の人々に見てもらおうとか、どうぞご覧じあれ！というように思えば、よい。そして、人前で演技・プレーするのが楽しいとか、人前で演技・プレーするのは、やりがいのあることだというように、発想を切り替えればさらによい」

このように思って大会に臨めば観客の視線を特段にプレッシャーと感じることもなく、気持ちにゆとりが出てきて、無用な緊張などは生じなくなるであろう。

なお、文法的に「見られている」は受動態であり、一方「見せてあげる」は能動態である。この違いは、心理状態にもやはり影響する。「受動態的発想から能動態的発想へ」のメンタル - ギアチェンジをはかるのである。まさに、前向きの生きざまである。自信をもって堂々と演技する姿は、見た目にもすばらしく、感動を覚えるものだ。

(3) 対戦相手が自分よりも強いとき

格技種目・卓球・バドミントン・テニスなど対人競技種目で対戦相手が強いということがあらかじめわかっていたら、次のように考えてみる。すなわち、「ひとつ胸を借りるつもりで伸び伸びと、思いっきり闘ってみよう」というように、である。

ただし、勝敗をすっかり諦めたりするわけではない。もしチャンスとあれば、そこを逃すことなくポイントを取り、しっかりと勝負に出て決めるようにする。すなわち、「チャンスは逃さないぞ!」と、闘魂を胸に秘めて試合に臨むことだ。

それには、日々の練習をとおして、勝ち方を覚える必要がある。日頃の練習で負けが続いて、負け癖がついてしまったのでは強くはならないし、やる気にも水を差す。そのようなわけで、練習であろうと、試合であろうと、勝機が到来したら、逃すことなく、ポイントを取るつもりでしっかりと闘い挑むことが大事だ。日々、そのように心がけていけば、強い相手とはいえ、勝つことだってなくはない。大相撲で、平幕の力士が初顔合わせで大金星をあげるのが、その好例である。そこで、「そのようなことは、何も大相撲にかぎったことではない。僕（私）にだって不可能ではないはずだ」と考えてみてはどうだろうか。

強い相手、それも有名選手からポイントを取ったり、結果として勝ったりすれば、その貴重な経験が何よりのはげみとなる。それが次の試合、明日の試合へとつながっていき、さらに勝ち方を覚えていくことも夢ではない。こうして、勝負の上昇気流に乗れば、それこそしめたものである。とにかく、自分よりも強い相手に勝つことは、何よりの「心の良薬」となり、自信の基となる。つまり、「自分も、やればできるのだ！」と心底から思えるようになる。

要するに、勝つチャンスを逃すことなくきちんととらえ、しっかり勝ちを決めることが強くなるためのきっかけとなる。こうして、大会をとおして勝つことを覚えて強くなり、上達する。なにも練習・稽古だけではなく、大会の現場でも鍛えることはできるのだ。言うなれば、「現場で鍛える」である。このような経験を一度ならず、二度、三度と積み重ねていけば、確実に自信がついてくる。むろん、そこまでに達するのにはそれなりに時間がかかるが、そのような体験は、あがりの手堅い克服法・予防対策法にもなっている。

(4) 知人や友人・恋人が見に来たとき

実際、「格好よいところを見せてやろう」と思って、好結果が出せる選手がいないわけではない。しかし、多くの選手にとって、「自分も同じくうまくいくであろう」と思うのは、いかがなものであろうか。ほかにも考えるべき大事なことが、いろいろある。

とにかく、「いいところを見せてやろう」とか、「格好よくやろう」などとは思わないことだ。通常、そのような気取りは、よい結果をもたらすどころか、むしろ演技・プレーにとっては妨害因となり、失敗を誘発しかねない。それが元で、「しまった！」と思い、あせりや無益な力みが生じかねない。仮にうまくいったとしても、その後も同じくうまくいく保証はどこにもない。

(5) 競技中にミスをしたとき

①個人種目において

いよいよ試合が始まったら、とにかくあわてないこと、勝ちを急がないことだ。あくまでも冷静に、あせらずにいくことだ。そして、仮にミスが生じてもミスを繰り返さないよう、ミスを最小限にくいとめるよう心がける。これが、闘いに臨んで精神的パニックやあがりを防ぐための基本的な心得である。

もし、ミスをしてしまっても、「しまった！」とか「たいへんだ！」、あるいは「バカなことをしてしまった！」などと思わないことである。そのような自己評価的な考え・態度は、無益なだけだ。ミスを最小限にくいとめるようにするなり、ミスを上手に取り繕うべく対処することが先決だ。

ミスをしそうになったときには、一瞬のうちにミスを防ぐ対処や動作をすることが大事である。つまり、体の反射的対応である。格技種目では対戦相手の攻撃技をまともにくらうことなくうまくかわす。あるいは、「後の先手」によって、逆に相手を仕留める。これが決まれば、すばらしい。そのためにも、日頃の練習で、そのような練習メニューを用意して反復練習しておく。

②団体競技において

野球では、ある選手がミスをするとほかの選手もそれに続いてミスをすることがある。大相撲においても、似た状況が起こる。大関が格下の力士に敗れると、控えている次の大関も敗れる。ときに横綱までもが負けてしまうことがある。まさに不安の心理の伝染や伝搬であり、「類焼負け」ないし「ドミノ負け」ともいうべき現象である。まさに、勝負とは不思議なものである。

そのようなわけで、各種団体競技、団体・チーム種目、ダブルス・デュエット種目などにおいては、仲間のプレーミスに対して内心批判的になったり、がっかりしたりしないことだ。そのような評価的態度はけっしてプラスにはならない。チーム内の悪い流れや負の連鎖を防ぐためにも、そこではみなではげましの言葉をかけるところである。

(6) 予期不安が生じたら

大会が近づいてきて、あるいは大会の前日、もし、「あがってはいけない」とか、「あがってしまったら、どうしよう」、あるいは「また、あがってしまうのではないか」などと心配になった場合、次のように考えてみてはどうだろうか。

①初めて大会に出場する場合（未経験者向け）

初めて大会に出場するときには、次のように考えてみる。

「あがりのことを心配するのは、自分一人だけではない。初めて出場する多くの人が心配するものである。古くより、スポーツ選手の八割もがあがりの経験者ともいう。トップ選手ですら最初はそうであったかもしれない。こうして、あがりは、スポーツ選手にとって一度は通過しなければならない通過儀礼なのだ。

大会では気楽にやれば、それでいい。普段、練習でやっているようにプレーすれば、それでよい。指導者も、そのようにいってくれているのだから、それでよいのだ。だから、緊張しないで（あがらないで）うまくやろうなどと思う必要はまったくない。とにかく、明日は、いつもの練習のときのように一生懸命にやるだけだ。二度とない初めての試合であるだけに、むしろそれを楽しむつもりでやれば、それで十分なのだ。平常心で臨めば、何もいうことはない」

このように、大らかな気持ちで、一見ふてぶてしく考えてみて、ちょうどいいのである。
②あがってしまったことがある場合（経験者向け）
すでに、あがり経験を有する場合は、次のように考えてはどうであろうか。

「初めて出場する場合は、多くの人が、あがりのことを心配するものだ。実際、スポーツ選手の八割もが、あがりの経験者だともいう。トップ選手ですら最初はそうであった。あがりは、スポーツ選手にとっての通過儀礼なのだ。初めての大会で、自分があがってしまったのも、しかたのないことだったのだ。むしろ、選手にとってはごく普通のことであり、自分も例外ではなかったのだ。いや、自分だけが例外ではありえない」

以上のように、あがり体験を客観視する。そしてさらに、次のように考える。

「したがって、初めての経験を思い出して、いまさら心配する必要は毛頭ない。そういえば、日頃、家族や友人から、気が小さいとか、とても心配症だなどといわれたことなどないではないか。だから、今度の大会のことをあれこれ気にしたり、心配したりする必要はまったくない。むしろ、〈競技に臨む心のもち方〉をきちんと守って、日頃の実力を思いっきり発揮するように心がければ、それでよいのだ。それが大事なのだ。もう一度、〈競技に臨む心のもち方〉を再確認しておこう」

以上、客観的事実に基づいて自己を説得する例である。ものの見方や考え方における〈観点変更〉の例である。物事の認識に際しては、観点を変えてみれば、同じ事柄でもまた違って見える。もつべきは、事実に基づいた客観的で合理的な信念、つまり「ラショナル・ビリーフ」である。これが、脳内の「強力な助っ人」となってくれるはずだ。自己の意識のなかに、強力な味方・助っ人がいるのといないのとでは、結果にそれなりの相違が生ずるものである。

(7) もし身体的変化が生じたら

大会当日、自分の出番が近づいてきて、あるいは競技中に精神的に緊張が高まって心臓の鼓動が速くなったり背中が熱くなったりするのを感じても、そのことに気を取られないようにすることが大切だ。それが気になりだすとかえって症状はひどくなる。すでに述べたように、そのような現象は「精神的交互作用」と呼ばれる。

①キーワードの活用

もし、そのようになってくるのを察知したら、とにかく気にしないで無視することが肝心だ。そして、「さーあ、落ち着いて!」とか、「リラックス!」あるいは「平常心!」などのキーワードを頭の中で一、二回唱えてみる。すると、その言葉に誘導されて、むだな力がスーッと抜け、心身のリラックス状態が回復する。ただし、そのためには日頃からイメージトレーニングによって、訓練しておくのがより確実である。

②日々の生活の中でもキーワードの活用を

日々の生活の中で、外出先やここぞという大事な場面で、自分がリラックスできる言葉を頭の中で一回唱えると、知らず知らずのうちに高まっていた緊張がほぐれていくのが感じられるはずである。筆者が直に実験的に自分で実施してみた経験から、そう確信している。

このような、一種の自己暗示による心身の自己調整（セルフ－レギュレーション）は、頭（心）と体の連携プレーであり、心身の健康維持には安上がりの対処法でもある。また、日々の、このような心がけは、自己の心身の状態を好ましい方向に調整する能力を向上させ、それはそのままプレッシャーの強くかかる競技場面にも波及するであろう。つまり、「学習の転移」現象が生ずる。

2. 練習も試合と思え

(1) 練習と試合を区別してかからないこと

集中力の向上をはかる場合と同様にあがりの防止対策でも、普段の練習にその解決を組み込める。言い換えれば、練習をとおして、あるいは大会や試合の模擬場面を想定して、あがりの予防や改善をはかり、防止力を身につけるのだ。

日々の練習や稽古は単に練習や稽古と思わず、試合のつもりで没頭する。つまり、練習と試合を区別しないことだ。日に一回あるいは二回でもいい。試合のつもりで仲間と対戦する。フィギュアスケートや、アーティスティックスイミング、空手道の形などの種目では、日々の練習において、一日に一、二回は大会のつもりで演技や演武を行う。日々実行していけば、大会のプレッシャーに負けない強い心がしだいに熟成されていく。そのような練習法が、あがりの防止対策になる。

(2)　さまざまなプレッシャー場面を想定した練習を行う

まったくの初心者は別として、また競技種目にもよるが、練習を始めて二、三年も経過すれば、大会に出場する段階にいたるであろう。この段階になれば、ハードな練習にもついていけるようになる。そこで、以下に掲げる、さまざまな心理的（精神的）プレッシャー場面を設定した練習法に取り組んでみる。これらの練習の主眼は、心理・生理的なストレスやプレッシャーに耐えられる精神力を身につけることである。その結果、すばらしいプレーができるようになる。

このような練習法を「モデル－トレーニング」という。これは、あがり防止専用のトレーニング法ではなく、大半の種目で活用できるが、そのままあがり防止効果が期待できる。次にその練習法の実際をみてみよう。

①突然、最大限の力を発揮するよう要求する

たとえば、練習計画どおりに全速力の七五パーセントのペースで、二百メートル走の練習をしていると想定しよう。その後半に入ったら、指導者が、突然、全速力で走るように命じてみる。あるいは、本人の能力の範囲内で練習をしている最中に、限界まで全力を出すように要求してみる。具体的には、本人のベストタイムの速度で走っている最中に、ゴール間際になって、たとえば「さらに、あと十メートルを全速力で走れ！」などと指示する。

このように負荷（ロード）をかけるトレーニングには、持久力と根性をつけるとともに、自己最高記録の更新が期待される。実施に際してどの程度ロードを課すのかは個々に応じて決める。無理のな

いよう最初は低い負荷から始め、慣れるにつれてしだいに負荷を高めていく。なお、このような負荷をかけるトレーニングは、週一回程度でよいとされる。

②技術的なストレスを課す

ただ反復練習を回数多く、あるいは長時間行うだけではなく、むしろ練習量を少なくして、質的に中身の濃い練習にしてみる。たとえば、サッカーやバスケットボールにおけるシュート練習やバレーボール、テニス、卓球などでのサーブの練習において「連続五回あるいは十回成功させる」というように高い目標を選手に課す。

野球のピッチングでいえば、キャッチャーのサインどおりのボールを九〇パーセント以上の成功率で投球するよう要求する。あるいは、同じ球種のボールを連続五回投げるよう要求するなどである。その際、選手個々人の力量に応じて、さまざまな課題が考えられる。

なお、①と②のような練習では、指導者が指示するだけでなく、選手が各自で設定して行ってもよい。そこは状況判断による。自分でこれができたら、それに越したことはない。

③観客席からのプレッシャーを取り込む

練習で、自分の好きな異性が見ているところでプレーをするとか、あるいは、試合中の観客の声やヤジを録音したテープを聞きながらプレーしてみるなどである。このような練習を何度か試みることにより、日頃から大会の雰囲気に慣れておくことで、プレッシャーに耐えて打ち勝つ精神力（メンタル－タフネス）を養うことができる。これも、〈心の免疫法〉つまり〈心の予防接種〉である。

以上のように、質や量ともに中身の濃い練習法を取り入れることにより、プレッシャーに負けない

強靭な精神力がつくられていく。また、そのようなハードな練習によって実力がついてくれば、当然ながら自己の技術に自信がもてるようにもなる。何事もそうであるが、自信がついてくると、少しのことでくじけたり、プレッシャーに打ち負けたりすることがなくなる。そして、気持ちに余裕をもって演技やプレーができるようになる。むろん、神経も図太くなって、弱気やあがりとは無縁になる。

3. 練習試合や交換稽古の効用

他チームや他校との練習試合や交換稽古は、有意義な練習法であり、以前から行われている。それには、次のような効用がある。

(1) 己を知り相手を知る好機となる

まず相手チームの戦力を知ると同時に、自チームの戦力や各選手の力量を客観的に知る好機となる。また、それによって日頃の練習のあり方を客観的に確認し、明日からの練習の新しい目標をもつことができる。言い換えれば、マンネリ化しがちな練習に新しい流れをもたらしてくれる。

(2) 心の予防接種効果がある

大会間近に行う練習試合や交換稽古には、大会や試合に向けての予行練習の意味合いもある。したがって、外部チームや他校との練習試合・交換稽古をやるからには、指導者はあらかじめその点を部員に言い伝えておく。たとえば、「大会も近づいてきているので、明日の練習試合は、大会のつもりでしっかりやるように！　練習試合だということで、けっして気を抜かないように」と伝える。練習試合や交換稽古には、前項で述べたことと同様、〈心の予防接種〉の効果が期待できる。

さらに、監督・コーチは部員・選手たちに次のように言い伝える。

「大会で勝ち進んでいけば、何回戦目かで実際に対戦相手となるかもしれない。したがって、練習試合・交換稽古とはいえ、勝っておくに越したことはない。練習試合で勝っておけば精神的にプレッシャーをかけるという効果も期待できる。もし練習試合でみなが負けたら、大会で実際にあたった場合、プレッシャーを感じるかもしれない。そうならないためにも、明日の練習試合はぜひ勝つことだ。いいね、わかったね」などである。

(3) 交換稽古・練習試合は国内だけではない

練習試合・交換稽古の相手は国内にかぎったものではない。国を代表する選手や、近い将来、代表選手になり、次世代を担う有能な選手・アスリートの場合、できるだけ海外で練習する機会をもちたいものである。今日ではこれは多くの種目で実施されている。

学生スポーツにおいても、春期や夏期の合宿練習を海外で行うところも少なくない。その際、遠征先の地元の大学との合同合宿も可能であるし、一日だけでも交換稽古や練習試合が計画できよう。海外に姉妹校があれば、好都合である。

海外遠征は、外国に出かけての武者修行である。こうすれば、世界大会やオリンピック大会などの大きな大会で、もろくもプレッシャーに押しつぶされることなく自信をもって戦い、自己のもてる力を存分に発揮できる闘魂と不動・不惑の精神を培っていける。つまり海外遠征合宿では、トップ選手においては、あがりの呼び水にもなりかねないあせりや落ち着かなさ、過緊張などの防止対策の意味もある。さらに技術の研鑽のみならず、精神面の補強の意味合いもある。まさに一挙両得である。それればかりか、世界大会やオリンピック・パラリンピック大会がある年には、対策の一環としての海外遠征合宿で外国の選手との対戦に慣れておくとともに、異国の風俗・習慣・文化等にも慣れておくというメリットがある。

(4) 外国選手との接触の機会は国内にもある

外国選手と相見え、対戦できる機会は、じつは海外遠征だけにあるのではない。日本国内にもその機会は少なからずある。諸外国から日本に武者修行にやってくる武術修行者をはじめ、スポーツ選手がけっこういる。今後、増えることがあっても、減ることはないであろう。

こうなると、こちらは、手間暇かけず、しかも安上がりで対戦ができ、願ったりかなったりである。また、そのためには、大学の運動部においては大学間の情報交換システムをつくっておくようにすれば、互いのために好都合であろう。また、そうしたことが国内全体のレベルアップにもつながる。

以上のように、普段とは違ったことを実施することには、さまざまな効能・メリットが期待できる。実施するからには、そのメリットをきちんと承知したうえで、実施のねらい・目標の設定をはじめ、さまざまな事前準備を怠りなく行っておく。周到な準備は、実りある結果をもたらすにちがいない。

第十章
イメージトレーニング

ここ最終章では、イメージトレーニングについて解説する。

イメージは、私たちの生活のありとあらゆる領域において欠かすことのできない大事なはたらきをしている。むろん、スポーツ分野においても、とても重要な役割を担っている。以下に、イメージトレーニングについて基礎的な事項をはじめ、目的・効果・実施法についてみていこう。

第一節　イメージトレーニングとは

1．イメージトレーニングの意味と目的

(1)　そもそもイメージのはたらきとは

人間はほかの動物とは異なり、イメージ（心像）のはたらきがとても活発であり、しかもきわめて優れている。とりわけ視覚的イメージが優れている。日常生活のありとあらゆる場面や事柄におい

て、本人の意図によって、また、とくに意図しなくてもイメージはごく自然にしかも見事に機能する。さらにイメージには、言葉を理解したり、読み書きしたりするという人間に特有の言語処理機能を根底から支えるはたらきがある。

じつは、スポーツの分野でもイメージ、とりわけ視覚的イメージはとても重要な役割を果たしている。スポーツ経験者ならば、誰もがそのことを体験的にわかっているだろう。視覚障害をともなう場合は、聴覚や触覚がプレーに関与し、重要なはたらきをする。

ここで、イメージのはたらき（機能）について、詳しく確認しよう。

①ものごとの認識（認識機能）

さまざまな事柄（事物・事象）の名称を覚え、その事物・事象の特徴がわかるようになると、眼前にその事物・事象がなくても、その名称を文字によって見たり話を聞いたりしただけで、その事物・事象についての視覚像を思い浮かべること（イメージ化）ができる。たとえば、「リンゴ」という文字を見たり、「リンゴ」という発音を聞いたりしただけで、すぐさまリンゴの視覚的イメージが思い浮かぶであろう。また、「水泳」という運動や、波が押し寄せてくるという状況についても同様である。こうして、実物や実際の場面・状況を目の当たりにしなくても、人の話を聞いたり、文章を読んだりしただけで言葉の指し示す状況がイメージ化できるがゆえに、言葉の意味がわかったと安心できる。また、話したり、文章を書いたりできるのも、イメージのはたらきが深く関与している。

②情動の誘発（情動誘発機能）

たとえば、「ライオンが猛スピードで追いかけてきた」と聞いただけでも、その場面を思い浮かべて「こわい！」と思うであろう。つまりイメージには、さまざまな感情や情動を喚起するはたらきがある。実物や現実場面に代わるもの、つまり代用物としてのイメージである。ここに、〈実物刺激とイメージの機能的等価性〉という基本的特質が直観できるだろう。

③情動の制御（情動制御機能）

たとえば、ヘビ恐怖の人にほかの人がこわがらずにヘビを見ている場面を観察させた後に、その見た場面を思い浮かべさせると、ヘビに対する恐怖心が薄らいでいくことがある。これは専門的には「脱感作（減感作）効果」と呼ぶもので、感受性が適性範囲に向かって低減することを意味する。

④行動・反応の誘発（動機づけ機能）

空腹時に大好物を思い浮かべると、ごく自然に食べたいと思うであろう。また、あまり気が進まなくても、楽しく練習を行っている光景を思い出すと、やはり練習しようと思うことがあろう。真面目な人、やる気が元々ある人の場合、とくにそうである。このように、イメージには、欲求誘発のはたらき、つまり動機づけ機能が認められる。

⑤行動・反応の誘導（行動・反応の誘導機能）

実際の行動遂行に先立ち、まずイメージの中でやってみる。たとえば、ボールをシュートしたり、ボールを打ったりするなどを頭に思い描く。すると失敗せずにうまくいく可能性が高まる。成功イメージがよい結果を誘導してくれる。すなわち、〈成功イメージ→適切な遂行・よい結果〉という行動図式である。その反対に、失敗するのではないかと不安になったり、過去の失敗経験を思い出したりしてプレーすれば、実際に失敗しやすい。乗り物酔いなどは、そのわかりやすい例であろう。

以上のように、イメージにはさまざまなはたらきが備わっている。ここに、イメージトレーニングが物事において好結果をもたらしてくれる心理的技法であることが理解できよう。

(2) イメージトレーニングとは

実際の運動・動作をせずに、動作しているところを思い浮かべてみる、つまりイメージの中で練習してみることを、「イメージトレーニング」という。「イメージリハーサル」「メンタルリハーサル」あるいは「メンタルプラクテス」などとも呼ばれる。文字どおり、メンタルレベル（イメージの中）での練習・リハーサルのことである。通常、それは視覚的イメージが基本となる。なお、音楽においては、聴覚イメージが主になるのは理解できよう。

イメージトレーニングは、実際に体を動かしてのトレーニングや練習を補強するものとしてその効果が心理学的にも長年認められ、今日、多くの種目で実施されていることは、常識であろう。

そもそもイメージトレーニングは、心理臨床の領域にそのルーツがある。催眠療法の一技法としてメンタルリハーサル法やイメージリハーサル法というものがあるが、それらをスポーツの分野に援用するようになり、イメージトレーニングと称されるようになった。

また、今日、シャドーボクシングのように対戦相手を立てずに一人で攻防の動作を行うことを、同じくイメージトレーニングと呼ぶ向きもある。これは、イメージをともなった練習という意味である。それはそれで十分に意味がある。対戦相手がいなくても、イメージを活用しつつ構えや攻防動作の練習がしっかりとできるからである。

⑶　イメージトレーニングの目的と効果

イメージトレーニングの目的つまりは効果として、次の七つがあげられる。

①あがりや不安・緊張など心理面の改善

そもそもイメージトレーニングは、あがりや不安・過緊張など心理面の改善のために実施された。その結果、無用な力みや精神的緊張が生じることなく演技やプレーができるようになる。

②集中力の向上・発揮

実際に一生懸命に行っている場面をイメージ化すれば、集中力が養われ、競技中に注意がかき乱されることなく競技に集中できる。

③新しい技・動作の習得

たとえば、体操競技やフィギュアスケート、空手道の形などの練習において、実際に練習するほかに、イメージの中で自分が演じている場面を思い描いてみる。これは、一連の動作・演技・挙動などを確実に短期間で覚えるのに有効である。イメージが実際の動作を誘導してくれるからである。

実際に体を動かして行う練習の結果、イメージが形成されるようになる。そうであれば、新しい一連の動作や演技を覚えるに際して、まずはイメージレベルで行ってみるとよい。

その際、頭の中で言葉をともなってみる、つまり内言化を試みる。たとえば、「鉄棒にぶら下がったら、まず大きく前方へ二回転してから、鉄棒上で向きを変えて垂直倒立姿勢を三秒間。それから、……」などと内言化してみる。つまり、〈イメージ化→内言化〉という流れである。このようにすると、より安全かつ確実に覚えることができよう。

そもそもスポーツにおける運動・動作は、随意筋を使った身体活動であるため、まずは意図〈意識作用〉が先行し、それにともない随意筋の活動が生じる。実際に反復練習していくうちに、一連の動作〈技〉をことさら思い浮かべなくても、体が自然にスムースに動くようになる。つまり、練達自然の成立である。言い換えれば、これは〈意志の退化的発達〉ともいうべき現象であり、「節約の原理」に基づく〈脳内神経回路の効率化〉である。だからこそ、毎日、真剣に反復練習を行うわけである。

④フォームや技術の調整・改善

実際の練習だけではフォームの矯正や改善が思うようにいかないことがあろう。そのときにこそ、イメージトレーニングの出番である。

ときにスランプにおちいる選手がいるが、この場合、自己の正しい動作のイメージがしっかりとできあがっていないことが考えられる。あるいは、つい無理をしたプレーや動作をやってしまうからであろう。そのような好ましくないクセを直すためにも、イメージトレーニングが活用できる。つまりイメージトレーニングは、望ましいフォーム・演技・動作の定着のための心理的方略として、演技の完璧さを期するために活用できる。

⑤遂行に先立つリハーサル

試合や競技会で、選手が出番を待っている間に、身体を動かしてリハーサルを行う光景をよく見かけるであろう。それをイメージの中で行ってみる。日頃からイメージトレーニングを実施していれば、それが可能となる。自分の出番までに実際に身体を動かしてリハーサルするのが不可能なこともあろう。そのような際には、イメージリハーサルが肩代わりしてくれる。

⑥やる気を高める

練習意欲を燃やし、高い目標をしっかりと自己の目標としていくためにも、イメージトレーニングが活用できる。たとえば、自分（自分たち）が優勝した場面をイメージ化してみるとか、自分（自分たち）が表彰台の上で金メダルを首にかけ、満面の笑みを浮かべて喜んでいる場面をイメージ化してみるなどである。まさに、夢を現実へとつなげていくためのイメージトレーニングの活用である。

⑦補助的練習

勉学や仕事で忙しくて実際に練習ができないとき、あるいは病気やけがなどで練習ができないとき、その代わりとしてイメージトレーニングが活用できる。こうすれば、技術のレベルダウンを最小限に抑えることができよう。そればかりか、実際に練習をしなかった割には、正しい動作がきちんとできることが練習再開後に確認できよう。

以上のように、イメージトレーニングの目的と効果は多種多様である。その広がりと奥の深さがわかっていただけたであろうか。

2. イメージトレーニングの実践例

(1) 空手道における実践例

ここに、実際にイメージトレーニングを実施した事例によって、その効果のほどを確認してみよう。その詳細は、『催眠学研究』〈文献(5)〉に報告してあるので、ここではそれに基づいて述べることにする。

全日本空手道連盟（ＪＫＦ）の強化選手のうち五名（男子三名、女子二名。いずれも当時の世界大会出場予定選手。なお、うち男子二名は団体形の選手、一名は組手選手、女子は一名が形選手、もう一名は組手選手）である。

そこで、筆者の開発した「ＴＭＭＰ搭技２」を実施してもらうことになった。このイメージトレーニングカセットテープは、日本体育協会のメンタルマネジメント研究班の一員として、筆者が開発した格技種目用のイメージトレーニングカセットテープの一つである。Ａ面は「リラックスとスピードトレーニング」、Ｂ面は「リズムとペーストレーニング」で、各面とも十数分間聞いてイメージトレーニングを行うものである。

実施期間は、一九八八年九月十一日〜十月十日までの一か月間である。その年、ちょうどＷＵＫＯ（世界空手道連合の略。ＩＯＣにより公認された空手道の連合組織）主催の第九回世界空手道選手権大会がスペインのバルセロナで行われ、イメージトレーニングの実施開始は世界大会のちょうど一か月前であった。

さて、五名の世界大会での成績であるが、男子団体形（長谷川伸一・長谷川行光・桶川光司選手。なお、イメージトレーニングテープ使用者は先の二名）は金メダル、男子個人組手七五キロ級（林晃選手。現在はＪＫＦのコーチ）も同じく金メダル、女子・形選手（三村由紀選手、世界大会初出場）も金メダル、女子個人組手六〇キロ級（倉田順子選手）は銀メダルであった。いずれの選手も二年ごとの世界大会では自己最高記録であり、見事な成績を収めてくれた。「ＴＭＭＰ搭技２」の開発者として、筆者もとてもうれしいかぎりであった。なお、その後の世界大会でもテープ使用者の大半が金メダルを獲得した。

(2) テープ使用によるイメージトレーニングの効果とは

大会後、先の五名の選手にアンケート調査によって確認したところ「大変役にたった」という体験的な総括的回答の根拠が示された。つまり、①不安除去効果、②集中力発揮効果、③リハーサル効果、④リラックス効果の四つの効果が示された。じつは、このような効果をねらって、「TMMP格技2」カセットプログラムを開発したのであるが、筆者の意図と予想は実施結果と一致していたわけである。

なお、ここに確認してきた大会での輝かしい成績は、むろん「TMMP格技2」によるトレーニング効果だけではない。その裏には、何よりも五名の選手のつね日頃のたゆまざる稽古、それに監督やコーチ、JKFの指導陣の指導・助言、さらには家族のはげましと協力など、さまざまな勝因の積み重ねがあり、いわばそれらの総合力としての成果であった。それらの数々の勝因の一つとして、しかも最後のいわば「詰め」の対策としてイメージトレーニングが寄与できたものといえる。

第二節　イメージトレーニングの実施法

1. イメージトレーニングの一般的な手続き

(1) 場所・姿勢等の準備

イメージトレーニングを実施する場所は基本的に室内で、騒音や耳障りな音のない静かなところがよい。夕刻以降に実施する際は、室内はライトをつけたままでもかまわないが、まぶしくない明るさが望ましい。なお、日ごとにイメージトレーニングに慣れてくると、登下校や通勤途中のバスや電車の中でもできるようになる。

室内で実施する場合、基本的には仰臥姿勢で行う。しかし、ソファに腰をかけた姿勢、あるいはあぐらをかいた姿勢でもかまわない。とにかく自分がやりやすい姿勢で行うことである。

なお、訓練の前に用便はすませておく。また、飲食後すぐにではなく、一時間くらいたってから行う。病気で高熱が出ているとき、空腹時、あるいは飲酒直後などは無理せずに避ける。

(2) 実施手続き

準備が整ったら、いよいよイメージトレーニングの実施である。次に、その手順を示す。

〈目を閉じた状態で深呼吸を数回（三〜五回）ほど行いながら、全身のリラックスをはかるようにする。なお、吸うほうよりも吐くほうをゆっくりと行い、息を吐きながら全身の力を抜くよう心がける〉

↓

〈心身を楽にした状態で、二〇〜三〇秒間ほど何も考えずに頭の中を空っぽにする〉

↓

〈試合・競技の場面をイメージ化する〉（競技種目やイメージトレーニング実施目的にもよるが、通常三分前後の短い時間である）

〈キーワードを頭の中で唱える〉（たとえば「リラーックス！」「さあ、落ち着いて！」「平常心！」など）

↓

〈二〇～三〇秒間ほど、何も考えずに頭の中を空っぽにして、リラックスをはかる〉

↓

〈腕を前方か上方に伸ばして、拳を十回ほどギューッと握る〉

↓

〈目を開けて深呼吸を三回行う〉

↓

（これで終了）

以上、イメージトレーニングの実施手順と実施事項である。一回の訓練に要する時間は一〇分間ほどである。ここに示されるように、イメージトレーニングの実施はそう難しいことではない。

イメージトレーニングは、選手が本書のような解説書によって各自で、あるいは指導者から適切な個別指導を直に受けるなりして、行うことができる。しかし、イメージトレーニング用のカセットテープやCDを聞きながら行ったほうが楽であり、しかも安心して実施できる。

2. 実施の際の留意点

イメージトレーニングの効果をあげるには、次のような事柄に留意する。

(1) 目的・テーマを絞って行う

一回の練習において、そのテーマとは、たとえば「新しい技を身につける」「技の修正・改善」「技術の完璧化をはかる」「あがり防止」「集中力を高める」「試合で緊張せずにリラックスして行うことができる」などである。あれもこれもと欲ばらず、一個か二個にしぼる。

(2) 実際に自分がプレーしている場面をイメージ化する

体操競技、新体操、トランポリン、フィギュアスケート、アーティスティックスイミング、空手道の形競技、飛び込み飛び板競技などの場合は、自分が理想的にうまく行っている場面を思い浮かべる。格技種目や球技類など対人競技においては、特定の課題や場面を設定して、それを行っているイメージを思い浮かべてみる。たとえば「冷静かつリラックスした状態で、自分のリズム・ペースを乱さずに行っている」「競っている場面でポイントを取る」「残り三〇秒で一ポイント相手に越されているが冷静にリカバリーする場面」などである。スピードスケート、競泳、マラソンなどタイムを競う種目においては、力まずに自己のペースを守りながらできるかぎり速く走る、速く泳ぐなどの場面を思い浮かべる。

(3) イメージはできるだけ鮮明に

イメージを鮮明に思い描くには、ほかのことを考えたりせず集中して行う。なお、雑念が生じてもそれを気にせず無視して実施していけばよい。

(4) イメージを思い浮かべた後、頭の中でキーワードを唱える

キーワードとしては、「平常心で臨む！」「さあ、落ち着いて！」「肩の力を抜いて、リラーック

ス！」「両脇をしっかりと締めて！」などが考えられよう。自己の問題・課題をふまえて決めればよい。なお、その個数は一～三個以内にしぼり、欲ばらないようにする。頭の中で唱える回数は一、二回である。

(5)　夜間の実施の注意点

夜間に実施する際は就寝前がよい。すんだらほかのことは行わずに就寝するようにする。このほうが、イメージトレーニング中に思い浮かべたイメージが、より安定して定着するからである。まさに「果報は寝て待て」である。

(6)　一週間あたり数日間行う

いわゆるマンネリ化しないためには、週に一、二日は休むようにする。単なる義務感で行うのは好ましくない。

(7)　継続して行う

日々の実際の練習・稽古においてイメージトレーニングの効果が実感できるようになっても、そこで安心してやめないでさらに一、二週間は継続して行う。

以上のように実施したら、しばらく中止してもかまわない。ただし、より完璧を期するには、大事な大会が近づいてきたら一、二週間は実施するようにする。なお、その必要がないと思ったら、無理をして行う必要はない。その後、やはり行ったほうがよいと思ったら実施すればよいであろう。

3．より発展的なイメージトレーニング

(1) テレビ観戦中に観る目・予測力を磨く

スポーツ観戦が趣味という人の中には、スポーツ通の人もけっこう多い。たとえば、大相撲ファンの中には、相撲の技について相当に詳しい人がいる。プロ野球やサッカーファンなら、解説者顔負けの人もいるであろう。

スポーツマンならば、それに負けてはいられない。観るからには、競技の展開や、選手の動きを予想しつつ観戦するようにしよう。たとえば、「このままの流れでいけば、きっと○○チームが勝つであろう」などである。また、観る目やセオリーを磨くべく、たとえば、「試合の流れが読めないでプレーしているチームだな」とか、「あの場面では、ああではなく、むしろ……すればよかったのでは……」などと思いながら観戦する。さらには、「あの場面では、僕（私）ならば、ああではなく、……してみるよ」などと思いながら観戦する。

このような観戦の仕方は、単なる観戦者の立場ではなく、プレイヤーや指導者の立場からの観戦である。技を磨くことになるのでよいことである。

(2) ＤＶＤ・録画・動画の活用により予測力を磨く

イメージトレーニングの趣旨と有効性に鑑み、技の開発や、技のレパートリーを広げるためにもイメージが活用できる。

①予測力と判断力を養うために

まず、試合中の適切な予測力（ヨミの力）と判断力を養うために、イメージが活用できる。

監督やコーチは、対戦場面の動画を部員・選手に見せて、見ている途中で映像を停止し、その続きを予想（イメージング）させてみる。映像を一時停止して、「さあ、この先どうなったと思う？」と考えさせるのである。部員や選手のなかから二、三人に答えさせ、再び映像を進めて実際の試合の流れを確認する。予想が当たったときはうれしいし、たとえまちがってもまた勉強である。こうして、競技の展開や、使用する技についての予測（予想）力と判断力を養うことができる。

このようなことは、合宿中のミーティングや、雨天で練習ができないときに実施できる。シーズンオフに、あるいは一年間の中で定期的に実施するのでもよい。

②対処法・試合運び・技の組み立てや新しい技の開発のために

先ほどの場面で、さらに次のようにたずねてみる。つまり、「果たして、これでよかったのだろうか、もっとよい対処の仕方・試合運びはなかっただろうか？」と自問してみる。よりよい試合運びや適切な技の選択、適切な身のこなし方などについての研究、学習をねらって質問応答する。部員の間でアイデアが一致することもあれば、さまざまなアイデアが並ぶこともあろう。ときに反対意見も出てこよう。それはそれでかまわない。そこから本格的な学びや探求が始まるのである。

このように行った後で、同じ場面を設定して実際に確かめてみるのである。これは仮説検証的な取り組みであり、文字どおり科学的なスタンスでのトレーニング、練習である。このような試みは、練習に幅と深まりをもたらす。ここに、「スポーツは科学である」を思い出した読者もおられよう。

もう少し詳しく述べれば、判断力・予測力が養われるとともに、技の使い方や試合運びに関するノウハウやセオリーをしっかりと身につけられる。それは技術向上につながり、賢い選手が育っていく。スポーツは総合力なのである。身体能力だけがよくても、頭だけがよくても、うまくはいかない。頭と体の両方を使って練習し、技術向上をはかる。スポーツの教育的意義やスポーツ活動の主体性の大切さは、じつにこの点にある。しかも、それがそのまま優秀な指導者の養成につながる。

なかには①で述べたことを実行すれば、相手の攻撃に対する対処法、試合運びや技の組み立て、さらには新しい技の開発を自分で考えてみようと思う人もいるであろう。〈観察から模倣へ〉からさらに一歩進んで、〈観察から思考へ、そしてアイデアの創出へ〉と大きな一歩前進である。上級者レベルにもなれば、ぜひともそうであってほしい。

(3) 練習や競技の際にもイメージを活用

体を動かして実際に練習や稽古を行うのにもイメージが活用できる。本章第一節で述べたシャドーボクシングがよい例である。これと同じように、さまざまな格技種目をはじめ、多くの球技類、スケート、水泳、陸上競技、体操競技など多くの種目において、実際の練習中にイメージが活用されている。たとえば、野球やソフトボールでバットの素振りをする際、相手が投げてくるボールをイメージしつつ、しかもボールを打つコースをイメージしつつ行う。投球練習においてはバッターを想定して、ボールのコースをイメージしつつ投球する。バスケットボールやゴルフにおいても同様である。ボールのコースをイメージしてからシュートする、打つようにするという具合である。

なお、以上は練習時だけではなく、試合においても同じである。イメージが結果を導く〈リードする〉のである。よいイメージはよい結果をもたらす。裏返していえば、予期不安による失敗場面のイメージ発生は、失敗動作を誘発してしまう。キーワードは、〈グッドイメージ〉であり、〈サクセスイ

メージ〉である。フィギュアスケート、新体操、スノーボード、スケートボード、モーグル、ジャンプ競技などにおいては見た目の美しさも競う。採点競技では、イメージはとくに重要である。

また、空手道の形は、対戦相手を四方八方に想定して、さまざまな「受け」（防御技）と「攻め」（攻撃技）から構成されている。そこで、防御動作や攻撃動作をただ単に順序を追って行うのではなく、眼前に対戦相手が存在していると想定し、相手の攻めを受けて、あるいはかわしてすかさず攻撃技を出すと思って、一連の攻防動作を行う。こうすれば、演武者の表情や目つきがそれなりのものになり、はたから見ていても演武の各挙動に闘魂がみなぎり、現実味を帯びてくる。「仏を掘って魂入れず」ではなく、「仏を掘るなら魂も入れよ！」と同じく、「演武するなら魂入れよ！」である。

このように、練習や稽古にイメージをうまく活用していくと、ただ動作を追って練習している場合とは異なり、緩みがちな気持ちが引き締まり、動作や演技がビシッと決まる。大会において確実に成果が現れるはずである。

以上、イメージの有効性をふんだんに活用するという発想により、さまざまな活用法を考えてみた。いかがであろうか。すでに実践していたことが再確認できたとすれば、それはそれでよい。また、新たに何かわかったとしたら、ぜひそれを今後の練習に取り入れていただきたい。ともあれ現状を打破して一ランク、二ランク上、さらにその上をめざすならば、何か新しいやり方を試みる必要がある。たとえすでにやっているとしても、そのやり方に多少なりとも創意工夫を凝らすことができれば、それもまたけっこうである。

私たちの合言葉は、「さあ始めよう、よいイメージをもって！」「よいイメージをもって取り組もう！」である。さらには、「よいイメージを共有しよう！」「夢と願望をイメージ化してみよう！」「イメージで勝ち、気力で勝ち、目で勝ち、そして技で勝つ！」など……である。

こうして、イメージには、カーナビならぬライフナビ（life navigation）、そして勝利へのナビゲーション（victory navigation）の役目もしっかり備わっているのである。

おわりに

「はじめに」で述べたように、本書はスポーツ関係者に広く活用していただくための実践書である。技術向上や勝利の追及をめざしつつも、それに終始することなく、スポーツ活動の人間形成の意義を大前提として書き著した。つまり、合理性と人間性の二つを基本理念としている。すでに類書を世に出してきた経験をいかして章立てし、全十章にわたる構成とした。また、各章において節および項目は、体系化を心がけて設定した。新しい事柄や、専門書には見られない事柄も取り入れて、わかりやすく解説したつもりである。

第一章では、今日のスポーツ界にありがちな問題点を確認し、技術向上の条件を明示した。それを受けて、第二章では、競技大会や試合で勝つための条件を多角的な視野のもとに網羅して述べた。日頃のトレーニングの点検と改善に活用していただければと思う。

第三章では、監督やコーチの役割について、三節に分けて詳しく述べた。第一節では指導の基本原則を七項目掲げて論じた。第二節はほめ方・しかり方など、部員や選手への外部からの動機づけのノウハウを扱っているが、その関連事項として、「自己動機づけ」についても述べた。これは、部員や選手が自分でやる気を鼓舞して、真剣に練習・稽古に取り組むための方途である。なお、自己動機づけは私たち人間にとってとても大切な機能にもかかわらず、従来、心理学においてとくに問題にされてこなかった。私の体験に基づき、「自己動機づけ」の用語を設定して、そのノウハウを示しておいた。第三節では、大会における監督やコーチの役割について述べた。

第四章では、「競技中の心のもち方」と称して、第一節で、平常心について詳しく論じた。その記述内容は類書にはなかなか見られないものと思っている。第二節で勝負における具体的な「心のもち方」について九項目をあげて詳しく論じた。第三節では試合別のメンタルマネジメントについて述べた。

第五章では、「勝利のための五大要素」と題して、技術面の重要事項であるリズム・リラックス・ペース・タイミング・スピードの五点について、それぞれに節を設定して詳しく解説した。それら五大要素をひとまとめにして、「２R^{s}PTS」（読み方はトゥ・アールズ・ピー・ティ・エス）とした。私の造語である。むろん覚えやすく、かつ活用しやすくするためである。

第六章は、「試合中の目配り・気配り」と題して、第一節では『五輪書』にいう「観の目」について解説した。これまでに流布している解説には有用性の点で問題があり、満足できなかったからである。本書の解説により、「観の目」の有効活用の道が開かれた。第二節では、相手の攻撃意図を読むための手がかりについて述べた。第三節で、対戦中の「目の使い方」も技のうちであるとして、攻防の際の目の使い方について述べた。

第七章では、おもに格技種目に焦点をあてて、「試合運びと競技中の技の工夫」と題して、対戦中の心得や戦法を七節に分けて詳しく述べた。読者のみなさまには、一読して体験的にも十分に納得していただけると思う。

第八章では、集中力の問題を扱った。従来、「集中力」は心理学では特段に専門用語として扱われてはこなかった。そこで、筆者の考えを提示することにした。第一節では、「集中力」の意味を明確にしたうえで、集中力の発揮にとっての妨害要因を確認した。それをふまえて第二節で、集中力を高めて、それを試合や競技中に発揮するための工夫・方法について述べた。

第九章では「あがり」の問題を取り扱った。第一節で、「あがり」の意味とその症状を確認し、あがり症状が生じて悪化するプロセスを分析した。第二節では、あがり問題の防止と克服の方途は日頃の工夫にあるとして、三項目に分けて解説した。

第十章はイメージトレーニングの章である。まず第一節では、イメージのはたらきを確認して、イメージトレーニングの意味と目的を述べた。続いて、実践例をあげてイメージトレーニングの効果について述べた。第二節では、イメージトレーニングの実施法について解説した。そして、このトレーニング法の発展的な形態を示した。

こうして、本書には、どの章にも独自の視点や特徴がある。本書では、数度以上にわたり『五輪書』を引用しているが、そのわけは記載内容に古めかしさがなく、時代を超えて普遍性があり、現代のスポーツ界にもいろいろと参考になるからである。ちなみに、『五輪書』はすでに欧米でも翻訳され、ビジネスマンの間でも人気がある、世界に誇れる日本の古典の一つである。本書がスポーツ関係者のための常備本として活用されることを、ここにあらためて願う次第である。

なお、本書の出版を快くお引き受けくださった金子書房社長の金子紀子氏と、本書の編集にあたりじつに的確かつ綿密に進めてくださった編集部の渡部淳子さんに心より謝意を表します。

さて、話はかわるが、今日、人類はたいへんな状況にある。世界的規模で新型コロナウイルス感染症がパンデミックの問題を引き起こしている。日本国内の感染者数は増加の傾向をたどり、死者も続出している。この問題の影響はすこぶる大きく、四月上旬には、政府から緊急事態宣言が出され、国民生活のありとあらゆる領域に大きな制約と弊害が生じている。

むろん、スポーツ界も例外ではない。国際的には、オリンピック・パラリンピック東京大会（二〇二〇年）は現時点で一年先に延期されることになっているほか、各種競技の世界選手権も軒並み中止となっている。また、国内においても、プロ、アマを問わずさまざまなスポーツ大会の中止や延期という異常事態が発生している。学校の長期に及ぶ休校やトレーニング場の閉鎖により、練習場所の確保が困難になっている。もちろん、オリンピック・パラリンピック東京大会に出場予定の選手にとっては日々のトレーニングが思うにまかせられぬ状態であり、大きな支障が生じている。

長年、スポーツにかかわってきた者として、筆者も心を痛めている。何はともあれ、ウイルス感染症の問題が一日も早く沈静化してくれることを願うばかりである。どうか選手のみなさまがたには、心身両面の健康管理に留意し、体を動かして技術水準の維持に取り組んでいただき、よいコンディションでそれぞれの出場される大会を迎えることができますよう、心より祈念しております。

二〇二〇年四月

江川玟成

引用・参考文献

(1)江川玟成「集中力を考える」日本体育学会編集『体育の科学』第二七巻第九号　杏林書院　一九七七年

(2)江川玟成・野口　潔・小針藤男「スポーツ選手のメンタルマネージメントに関する研究第I報」『昭和60年度　日本体育協会スポーツ医科学研究報告№Ⅲ』一一四－一二三頁　一九八六年

(3)江川玟成「生徒指導の方法原理」江川玟成・上地安昭編著『実践教職課程講座9　生徒指導』七三－九一頁　日本教育図書センター　一九八七年

(4)江川玟成『実践スポーツ心理学』大日本出版　一九八九年

(5)江川玟成「スポーツ選手におけるメンタル・トレーニングの効果」『催眠学研究』第三五巻一・二号　二八－三三頁　一九九一年

(6)江川玟成『勝利への実践メンタル・トレーニング』チクマ秀版社　一九九二年

(7)江川玟成『新・五輪書入門――今なぜ武蔵なのか』北樹出版　二〇〇八年

(8)江川玟成（編著）『カウンセリング入門』北樹出版　二〇〇九年

(9)江川玟成『クリエイティビティの心理学』金子書房　二〇一三年

(10)江川玟成（編著）『いじめの乗り越え方・防ぎ方――望ましい支援・指導の方法』東京学芸大学出版会　二〇一七年

(11)加来耕三（監修）・岸　祐二（著）『図解雑学　宮本武蔵』ナツメ社　二〇〇二年

(12)芝　茂雄・芦葉浪久『一人で学べる物理学』清水書院　一九七五年

(13)新村　出（編）『広辞苑［第七版］』岩波書店　二〇一八年
(14)長谷川浩一「あがり」内山喜久雄（監修）『児童臨床心理学事典』岩崎学術出版社　一九七四年
(15)『ブリタニカ国際大百科事典　小項目事典』
(16)森岡健二ほか『国語辞典［第二版］』集英社　二〇〇〇年

【巻末付録1　本文72頁参照】

トレーニングについてのチェックリスト（初回用）

これまでの練習を振り返って、以下の各項目について、自分にあてはまる箇所にマークしてください。回答は（①はい　②だいたい　③いいえ　④？）の四つの中から選んで、各自で用意した記録用紙に記入してください。（なお、このチェックリストには種目の制限はありません。）

1．正しい動作をきちんと練習している。
（①はい　②だいたい　③いいえ　④？）

2．反省し、自分の欠点・弱点を改めるよう心がけている。
（①はい　②だいたい　③いいえ　④？）

3．具体的な目標をもって練習している。
（①はい　②だいたい　③いいえ　④？）

4．練習法や技術の運用について創意工夫を心がけている。
（①はい　②だいたい　③いいえ　④？）

5．定期的に練習法について点検している。
（①はい　②だいたい　③いいえ　④？）

6．練習中は気が切れたりせずに、集中して取り組んでいる。
（①はい　②だいたい　③いいえ　④？）

7．大会や試合のつもりで行うやり方を取り入れている。
（①はい　②だいたい　③いいえ　④？）

8．臨機応変を忘れずに心がけている。
（①はい　②だいたい　③いいえ　④？）

9．試合形式での練習法を取り入れている。
（①はい　②だいたい　③いいえ　④？）

10．試合の運び方や、試合中の技の工夫などについて、日頃から考えるよう心がけている。
（①はい　②だいたい　③いいえ　④？）

11．試合や競技会の後、必ず振り返って自分の問題点や課題を探してみるようにしている。
（①はい　②だいたい　③いいえ　④？）

12．他のチームの選手のよいところをよく見て、参考にしようと心がけている。
（①はい　②だいたい　③いいえ　④？）

13．病気やけがなどをしていなければ、ほとんど休まずに練習している。
（①はい　②だいたい　③いいえ　④？）

※チェックリストにおいて、「だいたい」「いいえ」「？」をマークした項目については、今後「はい」になるよう改善に努めたいものです。
※練習記録をつけている場合、チェックリスト中の項目が活用できます。

【巻末付録2　本文21、58頁参照】

敗因診断票（格技種目における初回チェック用）

これまでの試合経験を振り返って、以下の各項目について、自分にあてはまる箇所にマークしてください。回答は（① ほとんどいつも　② しばしば　③ ときどき　④ めったにない　⑤ ？）の五つの中から選んで、各自で用意した記録用紙に記入してください。

1. 勝ち負けを意識しすぎることがあった。
（① ほとんどいつも　② しばしば　③ ときどき　④ めったにない　⑤ ？）
2. 周囲に気が散って、集中できないことがあった。
3. 気おくれすることがあった。
4. 自分の出番が近づくと、気持ちが落ち着かなくなることがあった。
5. 負けるのではないかと思うことがあった。
6. あがってしまうことがあった。
7. 優勢な試合で勝ち急いでしまい、勝てないことがあった。
8. 油断して負けたり、相手に技を取られたりすることがあった。
9. 慎重になりすぎて（消極的になって）負けることがあった。
10. 自分の技に自信がもてなくなって、負けることがあった。
11. 攻め方に迷いが生じて、やられることがあった。
12. 相手の動きが読めないことがあった。
13. 反則負けをすることがあった。
14. あらかじめ立てた作戦にこだわって、負けることがあった。
15. 技が単調になって負けることがあった。
16. 先手がとれず、つい後手にまわってしまうことがあった。
17. 技を掛けようとしても、うまくいかないことがあった。
18. 相手のペースに巻き込まれて、うまくいかないことがあった。
19. 技を掛けるタイミングを逃してしまうことがあった。
20. 技を掛ける際の思い切りがよくないことがあった。
21. 間合の取り方が悪くて、やられることがあった。
22. 相手の仕掛け技が読めなくて、やられることがあった。
23. 相手にポイントを先取されて、取り返せないことがあった。
24. 試合中にけがをしたことがあった。
25. 試合の日が近づいてくると、体調が悪くなることがあった。
26. 試合の前日には、よく眠れないことがあった。

※この敗因診断票は、文献(2)に基づき、配列や文言について一部変えたものです。
※この敗因診断票において、「ほとんどいつも」「しばしば」「ときどき」「？」をマークした項目については、今後は「めったにない」になるよう改善に努めたいものです。
※この敗因診断票の項目は、先に掲げたチェックリストと同様、練習記録をつける際に活用できます。

【巻末付録3　本文58頁参照】

性格のチェックスケール

自分の日頃の行動や態度を振り返って、次のそれぞれのスケールにおいて該当する箇所にマークしてください。なお回答は、自分で作成した回答用紙に番号で記入してください。

	かなり	やや	どちらでもない	やや	かなり	
	−2	−1	0	＋1	＋2	
弱気である						強気である
劣等感がある						劣等感はない
自信がない						自信がある
神経質である						神経質ではない
気分が不安定である						気分は安定している
目立ちたがりである						目立ちたがりではない
意欲不足である						意欲的である
あきっぽい						粘り強い
自制心がない						自制心はある
認識が主観的である						認識は客観的である
責任感が弱い						責任感が強い
社交的でない						社交的である
統率力に欠ける						統率力がある
親切でない						親切である
公平でない						公平である

※このチェックスケールは自己チェックにはもちろん、他者によるチェックや他者の性格を把握するのにも使用できます。自己チェックと他者によるチェックの一致・不一致を確認することにも使用できます。

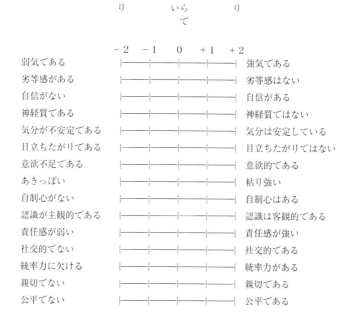

江川玟成（えがわ びんせい）
福島県生まれ。
東京教育大学教育学部心理学科卒業後、同大学大学院教育学研究科修士課程修了、同博士課程に進学。東京学芸大学教育学部教授、十文字学園女子大学人間生活学部教授を経て、現在、東京学芸大学・十文字学園女子大学名誉教授。前日本理論心理学会理事長、元日本オリンピック委員会強化スタッフスポーツカウンセラー。
主な著書に、『新・五輪書入門――今なぜ武蔵なのか』（北樹出版）、『経験科学における研究方略ガイドブック――論理性と創造性のブラッシュアップ』（ナカニシヤ出版）、『勝利への実践メンタル・トレーニング』（チクマ秀版社）、『子どもの創造的思考力を育てる――16の発問パターン』『クリエイティビティの心理学』（以上、金子書房）、『いじめの乗り越え方・防ぎ方――望ましい支援・指導の方法』（東京学芸大学出版会、編著）ほか多数。

勝つための実践的スポーツ心理学
試合で力を発揮する練習と心のもち方
2020年8月31日　初版第1刷発行　　検印省略

著　者　江川玟成
発行者　金子紀子
発行所　株式会社 金子書房
〒112-0012東京都文京区大塚3-3-7
TEL03-3941-0111／FAX03-3941-0163
振替00180-9-103376
URL　https://www.kanekoshobo.co.jp
印刷／藤原印刷株式会社
製本／一色製本株式会社

ISBN978-4-7608-2434-2　C3011　Printed in Japan